ro
ro
ro

ro
ro
ro

Marlene Hellene erzählt mit viel Humor und erfrischender Selbstironie über die unzähligen Herausforderungen, die Jungeltern täglich widerfahren: die Unwilligkeit von Kleinkindern, zu Zeiten zu schlafen, zu denen es die Eltern gerne hätten, über Minimenschtornados, die vormals ordentliche und hübsch dekorierte Wohnungen in Schlachtfelder verwandeln, oder Kindergeburtstage, denen ein logistischer Aufwand vorausgeht, der einer royalen Hochzeit in nichts nachsteht.

Leben mit Kindern *in a nutshell* – zum Mitlachen, Mitweinen, Mitfühlen für alle Mütter (und Väter).

«Eltern müssen bei den von ihr pointiert beschriebenen Situationen so ausdauernd nicken, dass sie die Nackenmuskulatur eines bulgarischen Gewichthebers entwickeln.» FAMILIENBETRIEB.DE

«Wunderbares Buch.» TOLLABEA.DE

MARLENE HELLENE

MAN BEKOMMT
JA SO VIEL ZURÜCK

Leitfaden für verwirrte Mütter

Illustriert von
Till Hafenbrak

Rowohlt Taschenbuch Verlag

Originalausgabe
Veröffentlicht im Rowohlt Taschenbuch Verlag,
Reinbek bei Hamburg, Mai 2018
Copyright © 2018 by Rowohlt Verlag GmbH, Reinbek bei Hamburg
Umschlaggestaltung ZERO Media GmbH, München
Umschlagillustration Till Hafenbrak
Satz aus der Dolly bei Dörlemann Satz, Lemförde
Druck und Bindung CPI books GmbH, Leck, Germany
ISBN 978 3 499 63385 0

INHALT

EINLEITUNG:
«MAN BEKOMMT JA SO VIEL ZURÜCK»

Das ist der Titel dieses Buches, aber stimmt das überhaupt? Was bekommt man denn wirklich von Kindern zurück? Meine spontanen Gedanken hierzu sind Schwangerschaftsstreifen und leergesüffelte Brüste. Graues Haar und Tränensäcke. Bleierne Müdigkeit und die Gereiztheit eines bengalischen Tigers. Man bekommt Kackawindeln, Popel und wenn es richtig doof läuft Erbrochenes auf die Seidenbluse. Einen Wäscheberg mit den Ausmaßen des Mount Everest und vollgekritzelte Wände. Geldsorgen, Chaos und Tinnitus. Man bekommt nie seine Ruhe auf der Toilette und viel Geschrei. Cluburlaub und Kinderkrankheiten. Wutanfälle im Supermarkt und drei Kilo verkrümelte Brezel im Auto. Man bekommt Kindergeburtstage, Elternbekanntschaften aus der Hölle und neue Hobbys, die allen Spaß machen, außer einem selber.

Man bekommt ein völlig neues Leben.

Habe ich Ihnen jetzt Angst gemacht? Das wollte ich wirklich nicht. Das hört sich zugegebenermaßen alles wirklich schlimm an, aber keine Sorge, die obige Aufzählung ist noch nicht komplett: Man bekommt feuchte Küsse von warmen kleinen Mündchen und feste Umarmungen. Bezauberndes Lächeln und blitzende Kinderaugen. Man entdeckt die Freude am ersten Schnee des Jahres neu. Man bekommt Erstaunen und Stolz. Lachen und ganz viel Quatsch. Neue Freunde und neue Ziele. Man bekommt Pippi Langstrumpf und die Kinder von Bullerbü zurück. Kuschelnachmittage und Kissenschlachten. Rührung und Herzkonfetti. Man bekommt ganz viel kindliche Freude geschenkt. Kichern, Flüstern und Strichmännchen. Man bekommt Spielkameraden und Reisebegleiter. Das größte Glück und die Liebe seines Lebens.

Man bekommt ein völlig neues Leben.

FRAU IM AUSNAHMEZUSTAND

SCHWANGER.
KLAPPE – DIE ERSTE!

So eine Schwangerschaft ist ja nichts für ungeduldige Menschen. Und jetzt raten Sie mal, wer der ungeduldigste Mensch der Welt, was sage ich da, des Universums ist? Los, schneller, raten Sie bitte schneller. Hopp, hopp, hopp. Genau: ich. Ungeduld ist praktisch mein zweiter Vorname. Wenn ich etwas will, dann sofort. Als Gott Gelassenheit und Geduld verteilt hat, war ich schon vorgerannt.

Ich war 31 Jahre alt, als ich mich dabei ertappte, schwangere Frauen verliebt anzuglotzen und fremde Babys überschwänglich für ihre Niedlichkeit zu loben. Ich träumte von kleinen runzeligen Minifüßchen, schlich durch die Babyabteilungen von Kaufhäusern und seufzte verzückt beim Anblick von *Guns'n'Roses*-T-Shirts in Größe 56. Meine biologische Uhr bimmelte lauter als die Glocken im Vatikan an Weihnachten. Ich tat von nun an alles, was ich in der fünften Klasse im

Biologieunterricht über Reproduktion erfahren hatte – und ehe ich michs versah, war ich nicht schwanger. Ja, genau. Nicht schwanger. Wie jetzt? Ich hatte doch alles richtig gemacht. Bienen, Blumen und Störche. Und das bereits seit zwei (!) Monaten.

Im Internet las ich von Frauen, die seit Jahren versuchten, schwanger zu werden, von künstlicher Befruchtung und Sterilität. Ich wurde panisch. Und ich machte umgehend einen Termin beim Arzt aus, ganz meiner ungeduldigen Natur entsprechend. Der Besuch war ernüchternd. Als Erstes nannte dieser Mann Anfang 60 mich alt. Alt. Ich war 31. Praktisch noch ein Teenager. So fühlte ich mich. Aber die bittere Wahrheit war: Mit 31 hatte ich meinen Fruchtbarkeitszenit bereits überschritten. Da konnte es schon mal etwas länger dauern, bis man schwanger wurde, in meinem Alter. Mein Arzt schien zu merken, dass er mich mit der Diagnose «alt» getroffen hatte. Er versuchte mich wieder zu versöhnen, indem er ausgiebig meine wunderschönen Eierstöcke und meine formidable Gebärmutter lobte – und riet mir zu Geduld.

Es vergingen einige Monate, in denen ich mich albern und ganz und gar nicht geduldig benahm. Monate, in denen ich mein Gehalt für Schwangerschafts- und Ovulationstests verballerte und alle «Wie werde ich schnell schwanger»-Foren der Welt las. Bis es so weit war: Ich wurde von unbändigem Hunger geplagt, mein Rücken schmerzte, und ich hatte einen Geschmack im Mund, als wäre dort kürzlich ein Hamster in die ewigen Jagdgründe eingegangen. Ich sollte doch nicht etwa …? Ich traute mich nicht zu hoffen. Meine Brüste schmerzten ja auch gar nicht, und das Internet hatte schließlich gesagt, die Brüste müssen unbedingt schmerzen. Außerdem hatte ich keinerlei Appetit auf saure Gurken mit Schlagsahne, und jeder weiß doch, dass das das ultimative Schwangerschaftsanzeichen ist. Nein, bestimmt war ich nicht schwanger.

Der Schwangerschaftstest behauptete das Gegenteil. Der nächste auch. Und auch der dritte. ICH WAR SCHWANGER. Das verstand ich entgegen meiner sonstigen Natur erst sehr langsam. Der Arzt bestätigte das Ergebnis der Tests und zeigte dem werdenden Papa und mir einen wenige Millimeter großen Punkt auf dem Ultraschallbild, der mir sehr, sehr ähnlich sah. Ich bekam endlich den langersehnten Mutterpass überreicht – meine Eintrittskarte in den Club der Schwangeren, den ich mir am liebsten wie eine olympische Goldmedaille um den Hals gehängt hätte – und verließ beseelt lächelnd die Praxis.

Von nun an wollte ich alles richtig machen. Dem Punkt im Bauch sollte es an nichts fehlen. Und ganz besonders wichtig war ja jetzt – sagte das Internet –, dass ich mich gesund ernährte. Ich aß also frisches (total superordentlich gewaschenes) Obst, Vollkornbrot, gegartes Gemüse und Haferflocken. Dafür mied ich Rohmilchkäse, ungewaschenen Salat, rohes Fleisch und rohen Fisch wie der Teufel das Weihwasser. Rauchern auf der Straße warf ich, mir Frischluft zuwedelnd, böse Blicke zu, und wenn ich durch die Alkoholabteilung im Supermarkt ging, hielt ich den Atem an. Ich dachte sogar darüber nach, mir ein Heim-Ultraschallgerät anzuschaffen, um die täglichen Fortschritte der Schwangerschaft zu dokumentieren, und verwarf diese grandiose Idee nur aufgrund fehlender finanzieller Mittel. Ich war eine Streberschwangere der übelsten Sorte.

Fünf Tage lang.

Dann fing das große Kotzen an.

Anfangs arrangierte ich mich noch ganz gut damit. Die kleinen Schwangerschaftshormone taten offensichtlich fleißig ihren Dienst, das war doch ein gutes Zeichen. Aber relativ schnell war ich es leid, schon morgens beim Zähneputzen zu würgen und mitten am Tag auf belebter Straße meinen Mageninhalt präsentieren zu müssen. Und: Ich nahm *ab*. Völlig aufgelöst suchte ich meinen Arzt auf, um den kleinen Punkt auf Nährstoffmangel, Untergewicht und Skorbut untersuchen zu lassen. Er sprach auffallend langsam mit mir, in einem sehr, sehr sanften Tonfall – so, wie man es mit Verrückten tut –, und präsentierte mir auf dem Ultraschallbild ein knubbeliges, kleines Gummibärchen mit klopfendem Herzen. Der Punkt war jetzt also ein gummibärchenförmiges Etwas geworden, und wieder glaubte ich ganz deutlich zu erkennen, dass wir einander glichen wie eineiige Zwillinge.

Ich versuchte, mich zu entspannen. Die Übelkeit ließ langsam nach, und die Zeit des Zaubers konnte beginnen – jeder weiß schließlich, dass die Schwangerschaft die schönste Zeit im Leben einer Frau ist. Haben Sie denn je eine schlecht gelaunte, unglückliche Schwangere gesehen? Ich bis dato nicht. Allerdings sollte sie mir von nun an jeden Tag im Spiegel begegnen. Der Zauber blieb erst mal aus: Ich war dünnhäutig und gereizt. Kleinigkeiten konnten mich total aus dem Gleichgewicht bringen, und ich hatte das starke Gefühl, dass ja eigentlich sowieso jeder gegen mich war. Meine sehr, sehr schlechte Laune bekamen vor allem die Menschen zu spüren, die Form und Umfang meines Bauches kommentierten. Ich meine: Geht's noch? Kommentiere ich vielleicht ungefragt fremde Körperteile (auch, wenn ich dazu manchmal gern so einiges sagen würde)?! Ich fühlte mich wie Freiwild. Jeder gab mir ungefragt Ratschläge, wollte das Geschlecht des Babys durch Handauflegen ertasten oder versuchte mich durch plastische Erzählungen, in denen es hauptsächlich um

Körperausscheidungen aller Art ging, auf die Geburt vorzubereiten.

Ist Ihnen eigentlich auch schon einmal aufgefallen, dass beinahe jeder eine Frau kennt, die bei der Geburt gestorben ist? Wahlweise auch der dazugehörige Ehemann. In manchen Fällen sogar die Hebamme gleich mit. Und überhaupt hat die Cousine des Postboten ihr Kind ja damals ganz alleine auf der Toilette der örtlichen Kegelbahn rausgekugelt UND hat danach noch alle Neune abgeräumt. Der putzmuntere kleine Kegel-Kevin wurde noch am selben Tag zum Ehrenmitglied des *Kegelclubs Pommes Rot-Weiß* ernannt ...

Besonders gerne fragten mich Halbfremde auch, ob ich denn vorhätte, das Kind durch Kaiserschnitt oder spontan zu entbinden. Hat man denn als Schwangere kein Recht auf Intimsphäre? Man fragt andere einfach nicht, ob sie ihr Kind aus der Scheide pressen oder sich den Bauch aufschneiden lassen wollen. Nicht, wenn man nicht zufällig der betreuende Arzt oder die betreuende Hebamme ist. Liebe Schwangere: Wehrt euch! Ich tat das mit großem Erfolg – nicht. Nein, ich stammelte irgendwas wie «Es wird schon irgendwie rauskommen», «Das muss der Arzt entscheiden», «Hauptsache gesund» und musste mich mit entrüsteten Erwiderungen von selbsternannten Geburtsexperten rumschlagen: Niemals nicht dürfe ich einen Kaiserschnitt überhaupt nur in Betracht ziehen. Das Kind könne dadurch für immer seelischen Schaden nehmen. Kinder, die sich nicht durch den Geburtskanal pressen mussten, seien weniger widerstandsfähig. Und dann müsse man den Gang durch den Geburtskanal im Teenageralter mühsam mit einem Krabbeltunnel und Kunstblut nachspielen. Ob ich das denn etwa wolle?

Ich war genervt. Diese Schwangerschaft war nicht das romantische Erlebnis, das ich mir erwartet hatte. Keiner machte mir Komplimente für mein inneres Strahlen und mein volles Haar. Und das Schlimmste: Niemand erkannte meine immense Leistung an. Immerhin ließ ich dem Kind in meinem Bauch gerade Organe wachsen, dabei war ich medizinisch überhaupt nicht geschult. Ich weiß ja zum Beispiel nicht mal, wofür man so eine Gallenblase überhaupt braucht und wie lang ein Dünndarm ist, und trotzdem wuchs da alles vorschriftsmäßig heran. Also, Applaus bitte für die Schöpferin! Außerdem war ich der Meinung, dass man mich schon mal etwas mehr verhätscheln könnte. Ich hatte Rückenschmerzen und schlief schlecht, und meine wunderhübsche Taille war verschwunden. Ich fand das ungerecht. Ich wollte Mitleid. Und Kuchen und Geschenke.

Ich konnte mich langsam selbst nicht mehr leiden. So sollte das nicht weitergehen. Nachher steckte ich das Kind noch mit meiner schlechten Laune und Unzufriedenheit an. Ich wollte keinen muffigen kleinen Motzbrocken gebären. Also beschloss ich, ab jetzt diese Schwangerschaft zu genießen. Ich wollte ein fröhlicher, kugelrunder Sonnenschein werden. Und wo fand man am besten seine innere Sonne? Genau, beim Yoga. Genau genommen beim Schwangerenyoga.

So begab es sich also, dass ich mich in einem schummrig beleuchteten Raum mit zehn anderen Schwangeren auf Isomatten wiederfand. Es roch nach eigenartigem Tee und Käsefüßen. Man musterte sich, dann wurden Zahlen ausgetauscht: 26+4, 30+1, 22+5. Die Gewinnerin stach mit 38+2 alle im Schwangerschaftswochen-Quartett aus und versicherte sich so unserer Geburtshilfe im Ernstfall. Als das geklärt war, konnte es losgehen. Bei Yoga dachte ich bisher an leichte, fließende gymnastische Übungen. Tjanun. Wir sangen zuerst ein Lied. Singen? Im Yogakurs? War irgendwo Guido Cantz mit seiner versteckten Kamera anwesend? Ich wollte nicht singen. Ich singe grundsätzlich nur alleine und nur im Auto – meinen Mitmenschen zuliebe. Diesbezüglich ist meine Selbsteinschätzung wirklich gut. Zum Glück hatte ich als Kind oft genug die «Mini-Playback-Show» gesehen und konnte meine Lippen erstaunlich synchron dem Gesang der anderen Damen anpassen.

Unglaublicherweise sollte nach diesem irritierenden Programmpunkt doch noch geturnt werden. Wir kreisten mit den dicken Bäuchen, streckten unsere Gliedmaßen in die Luft und waren dabei so anmutig wie Flusspferde bei Landgang. Gegen Ende der Stunde sollten wir uns auf die Matten legen, in uns hineinhorchen, durch die Füße atmen und eins mit dem ungeborenen Leben in uns werden. Ich war gerade total eins mit mir, dem Kind und überhaupt allem, als ich geweckt und aus dem Schlaf gerissen wurde. Aha, es wurde wieder gesungen! Und während des Abschlussliedes fragte ich mich dann doch, ob das Ganze hier jetzt wirklich das Richtige für mich war. Ich bezweifelte, dass das Singen und Kreisen und Durch-die-Füße-Atmen meine Laune wirklich positiv beeinflussen konnte. Bis 30+1 plötzlich rief: «Wer geht noch mit Schnitzel essen?»

Alle Zweifel, alle Fragen – sie waren wie weggeblasen. Schnitzel. Hier war ich richtig.

Da saßen wir also, fütterten die Föten mit paniertem Fleisch und besprachen die wirklich wichtigen Themen. Von A wie Anstellbett bis Z wie Zangengeburt. Endlich wurde ich verstanden, endlich war ich nicht mehr die Irre mit dem dicken Bauch. Hier war ich schwanger, hier konnt' ich's sein.

Die Yoga-Donnerstage wurden zum Highlight der Woche. Besonders, nachdem ich das Yoga ausfallen

21

ließ und direkt zum Schnitzeln ging. Sie können sich gar nicht vorstellen, was wir alles zu besprechen hatten. Da kamen bedeutende Fragen auf, die ich vorher gar nicht bedacht hatte. Allein die Auswahl der richtigen Matratze für den Stubenwagen konnte ja darüber entscheiden, ob das Kind später mal in Jura oder in Medizin promovieren würde.

Die Schwangerschaft fing langsam an, schön zu werden. Der Bauch war rund und beinhaltete unverwechselbar ein Baby. Keine Verwechslungsgefahr mehr mit einer «Zu viel Spaghetti»-Wampe. Der Arzt zeigte mir bei jedem Besuch Bilder meines wunderschönen, gesunden Kindes, und der lang ersehnte Mutterschutz sollte bald beginnen. Hach, es waren gute Tage.

Bis ich mich knapp zehn Wochen vor dem Entbindungstermin im Krankenhaus wiederfand. Ich hatte Wehen. Nicht nur eine paar kleine. Nein das CTG-Ding malte munter die Schweizer Alpen. Bei so etwas reagieren Ärzte relativ schnell relativ humorbefreit. Ehe ich michs versah, war ich an einen Tropf mit einem wehenhemmenden Medikament gekettet und durfte mein Krankenbett nicht mehr verlassen. Für die nächsten vier Wochen. V i e r Wochen. Die Vorstellung, eine so lange Zeit unbehelligt im Bett zu verbringen, erscheint einem montagmorgens um sechs vielleicht reizvoll. Aber auch nur dann. Ich wollte das nicht. Nein, das wollte ich ganz und gar nicht. Der Hechelkurs bei der Hebamme sollte ja jetzt auch bald beginnen, und ohne den absolviert zu haben, würde ich das Kind doch sowieso nicht auf die Welt bringen können ... Ich wusste ja noch gar nicht, wie das geht.

Ganz eindeutig erfasste ich den Ernst der Lage nicht. Für mich fühlte es sich nicht so an, als ob das Baby auf die Welt wollte, da konnte das CTG Berge malen, wie es wollte. Ich wollte nach Hause und dort meine Ruhe haben vor alldem. Denn es fühlte sich so falsch an, im Krankenhaus zu sein und nicht im Hechelkurs. Womöglich brachte ich das auch recht vehement zum Ausdruck. Die Ärzte fanden jedenfalls urplötzlich einen medizinisch indizierten Grund, mir Valium zu verabreichen. Schlaue Kerlchen! Die nächsten vier Wochen döste ich also leicht benebelt vor mich hin. Dabei vermisste ich mein Zuhause, mein Bett, mein Leben und vor allem meine Freiheit. Mein Tag war nämlich streng durchgetaktet. Da hatte ich gar kein Mitspracherecht. Es gab feste Essenszeiten, Untersuchungszeiten, Besuchszeiten und «Spritzen in den Oberschenkel rammen»-Zeiten. Sogar das Duschen musste ich vorher ankündigen, damit man mich vom Tropf nahm. Für Privatsphäre gab es leider keinen Termin. Ständig forderten fremde Menschen allerlei Informationen zu Häufigkeit und Form meiner Körperausscheidungen ein – ein Thema, das ich ungern mit anderen teile und schon gar nicht, wenn die Bettnachbarin gerade Tante Hilde und Onkel Horst zu Besuch hat. Ich überlegte gerade, ob sich Amnesty International möglicherweise für mich einsetzen würde, als ich aus meinem Dämmerzustand geweckt wurde. Ab diesem Moment war ich schon fast wieder raus aus der Klinik. Nach wochenlangem Vegetieren wurde ich gleich am darauffolgenden Tag holterdiepolter entlassen.

Es war ein echtes Glücksgefühl, das mich überrollte. Dem Baby ging es gut, es schwamm noch gemütlich in seinem 36 Grad warmen Indoor-Pool, und ich durfte endlich wieder nach Hause.

Wissen Sie noch, wie ich Ihnen von meiner Ungeduld erzählte? Ich habe dazu eine bahnbrechende Erkenntnis erworben: Sie ist erblich. Mein kleines Mädchen war jedenfalls in dieser Hinsicht ganz die Mama. Meine Fruchtblase platzte an einem Tag im März, und vier Stunden «Aua», «Ich will nicht mehr» und «Gehen Sie mir mit den verdammten Globuli weg» später war *sie* da.

Wir sahen uns in die Augen, und die Zeit blieb stehen. Da wusste ich, meine ganze Welt, meine ganze Liebe wiegt 2490 bezaubernde Gramm. Alles, wirklich alles hatte sich gelohnt: Für dieses Mädchen würde ich bis ans Ende der Welt gehen.

GLÜCKWUNSCH, SIE HABEN DAS NÄCHSTE LEVEL ERREICHT: DIESMAL BITTE ALLES EINHÄNDIG!

Nach der Geburt eines Kindes spielen die Hormone ja oft verrückt, und ich war im absoluten Babyglück. Nie hatte ich mehr Liebe für einen anderen Menschen empfunden. Ich bestaunte dieses Zauberwesen unablässig, saugte jeden Atemzug, jede Regung in mir auf und seufzte ständig vor Entzücken. Jedenfalls wusste ich bereits einen Tag nach der Entbindung meiner Tochter: Ich will noch mindestens tausend Kinder.

Mein Mann und ich einigten uns schließlich auf ein weiteres.

Meine Tochter hatte gerade begonnen, wie ein besoffener Matrose durch die Wohnung zu stapfen, als sich das Verwesender-Hamster-Gefühl wieder in meinem Mund einstellte. Ich als alte Gestationsexpertin wusste natürlich sofort, was da los war: Mein innerer Chemiebaukasten hatte wieder seine Arbeit aufgenommen.

War die lustige Zeit des Kotzens bei der ersten Schwangerschaft ja noch geradezu entspannend, kotzt es sich mit Kleinkind auf dem Arm eher so mittelschön. Einem Kleinkind ist es nämlich egal, ob Mama gerade damit beschäftigt ist, Finger an Händen wachsen zu lassen, und dass das bei ihr für Übelkeit sorgt. Das Kleinkind will eine frische Windel und freut sich über den lustigen Anblick von Mama, die in den Windeleimer speit. Außerdem will das Kleinkind auf den Arm, auf dem Boden spielen, im Supermarkt abhauen, wütend sein und auf Mama einschlafen. Ein Kleinkind denkt gar nicht daran, sich einzuschränken, weil Mama sich unbedingt vermehren will. Recht hat es.

Ach, wie ich bereute … Nein, keine Sorge, nicht die Schwangerschaft, sondern die Tatsache, dass ich meine erste, kinderlose Schwangerschaft nicht mehr genossen hatte. Ich wollte einfach nur schlafen, mich übergeben und schwarze Oliven essend «Dirty Dancing» schauen. Aber ich konnte mein Schwangersein nicht zelebrieren.

Die zweite Schwangerschaft schwangert sich quasi so nebenbei. Da hat man plötzlich keine Zeit mehr, sich wissenschaftlich mit dem Einfluss von Mozart auf den Fötus auseinanderzusetzen. Auch wächst der Bauch, ohne dass man täglich nachmisst. Zeitweise vergisst man sogar schwanger zu sein, bis man dann versucht, aus dem Auto zu steigen, und merkt, dass man einen größeren Abstand zum Nebenparker halten muss. Nach langen Tagen mit Arbeit, Kleinkind und Babybauch war ich abends nur noch froh, auf die Couch fallen zu können. Ich hatte keine Energie mehr für Schwangeren-Yoga, Schnitzeltreffen oder Geburtsvorbereitungskurs. Also musste auch dieses Kind wieder ohne vorherige Trockenübungen auf alten Gymnastikmatten zur Welt kommen. Ich war ja schon Profi im Geburtenbusiness, und ich erinnerte mich gut. Zu gut, bemerkte ich eines Tages erschreckt. Ich bat daraufhin meine Hebamme um ein Treffen, denn ich wollte alles wissen, was sie mir über Schmerzmittel sagen konnte. Dieses Mal wollte ich absolut nichts spüren. Deshalb sollte sie hoch einsteigen. Am besten gleich bei Betäubungspfeilen.

Irgendwann war ich in der 39. Schwangerschaftswoche angelangt und sehr froh darüber, dass sich die Ungeduld in der Familie nur auf weibliche Nachkommen zu vererben schien. Der Sohn war noch immer in seinem Bauchzuhause, die Kliniktasche gepackt und der Mann darüber instruiert, in welcher Reihenfolge man mir welche Schmerzmittel verabreichen sollte.

Es war ein kalter Sonntagmorgen, als ich den Mann um sieben Uhr weckte, um mich über seine Kochkünste zu beschweren. Beim Abendessen müsse etwas schlecht gewesen sein, ich hätte schon die ganze Nacht Bauchschmerzen gehabt. Der Mann sah mich an, sah den Babybauch an, sah mich an, sah den Babybauch an und fragte höflich, ob ich möglicherweise ein Kind bekäme.

Plötzlich hatten wir es sehr eilig, in die Klinik zu kommen. Der Mann überfuhr rote Ampeln, und ich fluchte wie ein englischer Hooligan. Endlich im Kreißsaal angekommen, pfiff ich auf meine gute Kinderstube und begrüßte die Hebamme mit den Worten: «PDA, sofort!» Die freundliche Dame riskierte einen kurzen Blick auf den Babyausgang und teilte mir seelenruhig mit, dass sie mir leider, leider nichts mehr gegen die Schmerzen geben könne, das Baby komme jetzt, sie sehe schon das Köpfchen.

Wenige Zeit später lag mein entzückender kleiner Sohn auf meinem Bauch, und ich erfuhr, dass sich diese alles überlagernde, bedingungslose Liebe, wie man sie nur zu seinem Kind spürt, tatsächlich verdoppeln kann.

«ZEIG DOCH MAL DIE MÖPSE, DIE WÜRDEN MICH INTERESSIEREN»

(Mickie Krause, 2001)

Zu Beginn ihres Lebens wollen Kinder nur das eine: Milch. Viel, ständig und schnell. Optimalerweise wollen sie diese Milch aus Mamas Busen. Dachte ich. Mein erstes Kind hatte hierzu eine andere Meinung. Das ungeduldige Fräulein kam bereits sechs Wochen vor Termin auf die Welt. Die erste Nahrung wurde ihr schwuppdiwupp über eine Nasensonde in den Bauch befördert. So konnte das Kind schlafen und essen gleichzeitig. Ein Traum. Aber diese Zeit sollte schnell vorbei sein, und ich war zum Stillen bereit. Sehr bereit sogar. Pamela-Anderson-bereit. Sie verstehen.

Ich legte mir das kleine Tochterbündel also an die Betonbrüste, bereit für meine erste zauberhafte Still-erfahrung – und das Grauen nahm seinen Lauf. Das Kind schnupperte, glotzte und schrie urplötzlich los, als wäre der Leibhaftige hinter ihr her. Das Kind sollte aber kräftig essen und zunehmen, also gab es Mutter-milch im Fläschchen. Das klappte auch gut. Während der Zeit in der Klinik pumpte ich die Milch ab. Anstatt kuschelig und beseelt mein Baby im Arm zu halten und vor Glück zu strahlen wie ein doppeltes Atomkraftwerk, saß ich mit anderen Frühchenmüttern in der Pump-station. Das war ein mit Milchpumpen vollgestelltes Kämmerlein des Grauens. Darauf hatte mich in der Schwangerschaft ja auch keiner vorbereitet. Ein Raum voller Frauen zombiehaften Aussehens, die ihre Brüste in Saugnäpfe stopften. Die Gespräche kreisten um Ge-wicht, Stuhlgang in Farbe, Form und Größe, Damm-risse und Fruchtwasser.

Glücklicherweise durfte das fleißig Flaschen lee-rende Kind nach vierzehn Tagen das Krankenhaus verlassen, und die Pumpstation musste von nun an auf meine Brüste verzichten. Jetzt sollte endlich gestillt werden. Stillen ist schließlich das Beste für Ihr Kind. Das weiß doch jeder. Fast jeder. Die Tochter wusste das nicht. Warum sollte sie denn jetzt plötzlich wieder an diesem Fleischbollen nuckeln? Das war anstrengend, und da kam gar nicht so viel auf einmal raus. Sie wollte die Flasche, wuhäääääääää. Und ich? Ich war müde, ich war soooooo müde. Diese ganze Wochenbettsache war mir anders verkauft worden, und ich konnte nirgend-wo reklamieren. Ich wollte im Bett liegen in meiner wunderschönen Stillwäsche, mein Baby stillen und mir vom Mann Kuchen bringen lassen. So wurde es mir vorher doch von der ganzen Welt versprochen. Ich wollte stillen, wuhääääää. Im Endeffekt machte die Tochter viel lauter «wuhääääää» und gewann. Seien wir doch mal ehrlich, sie gewinnen immer. Ausschließlich. Ich verbannte also die verhasste Pumpe in den Keller und die Tochter bekam Flaschennahrung. Schnell wurde aus ihr ein moppeliges fünfmonatiges Baby, das immer mehr Interesse an dem zeigte, was die Eltern sich da so in den Mund steckten. Das Kind wollte Nahrung, Essen, Happihappi. Sollte es haben.

Ich war zum ersten Mal Mutter. Ich besuchte Krabbelgruppe und Baby-Yoga. So eine Scheiße. Dabei erfuhr ich nämlich, dass ich auf gar keinen Fall Herrn Hipp oder Frau Alete das Essen meines Babys kochen lassen durfte. Nein, diese Herrschaften machen vielleicht Salz (oh mein Gott!) in den Brei. Oder sie verwenden Karotten, die nicht ganz glücklich waren vor der Ernte. Depressive Karotten vielleicht. Nein, nein, gute Mütter kochen selbst. Sehr gute Mütter dampfgaren. Ich kaufte mir also einen Dampfgarer und bereitete dem Kind unheimlich fröhlichen Bio-Brei zu. Und tatsächlich machte das Kind etwas gänzlich Unerwartetes: Es aß. Viel und oft. Und ich dampfgarte. Viel und oft. In der Krabbelgruppe kreisten die Hirsekringel wie früher die … Egal. Und die Kinder wurden glückliche kleine, vorbildlich ernährte Speckbuddhas.

Als sich das zweite Kind ankündigte, war für mich sofort klar: Dieses Mal verpatze ich die Stillsache nicht.

Der Sohn kam pünktlich auf die Welt, wurde mir auf den Bauch gelegt, schlief kurz und begann dann mich abzuschnüffeln. Ich war irritiert. Was machte dieses Kind? Was wollte es? War es krank? War es ein Hund? Die Hebamme klärte auf: Das Kind wollte Milch. Beherzt packte sie das schnuppernde Bündel, stopfte ihm meine Brustwarze in den Mund, herrschte mich an, ich solle mich jetzt endlich mal entspannen, und *quelle surprise*: Das Kind trank. Ich war froh und glücklich. Die strenge Hebamme befahl mir, das Kind von nun an alle drei bis vier Stunden anzulegen. Hätte der Sohn da schon lachen können, er hätte es getan. Laut, lang und schallend. Alle drei bis vier Stunden – wie witzig, urkomisch sogar! Der Plan des Sohnes war, alle drei bis vier Stunden mal nicht zu trinken, um kurz zu schlafen. Vielleicht. Aber eigentlich war klar, wo der Platz des Sohnes war: an der Brust. Wir erinnern uns: Sie gewinnen immer. IMMER. Also stillte ich. IMMER. Ich aß beim Stillen, spielte mit dem großen Kind beim Stillen, saß auf dem Spielplatz beim Stillen und schlief beim Stillen ein. Irgendwann übertünchte die Müdigkeit auch jedes Schamgefühl, und meine Brüste durften sich auf Dorffesten umsehen, in Restaurants und beim Besuch meiner Arbeitsstelle.

Sechs Monate später – das Kind wurde immer dicker und ich immer dünner – holte ich den Dampfgarer aus dem Keller. Das Kind sollte essen. Das Kind wollte nicht essen. Aha. Okay, es leckte mal ein bisschen am Löffel, fand dieses Spiel aber schnell langweilig und verlangte nach der Milchbar. Der Dampfgarer durfte zurück in den Keller, und ich legte das bisschen, was das Kind aß, in die erfahrenen, salzigen Hände von Herrn Hipp und seinen Freunden. Ich war müde, genervt und ausgezehrt. Und schlimmer als das Gemüse, das ich 1986 nach Tschernobyl gegessen hatte, konnte das Gläschenzeug auch nicht sein. Das Kind aß weiterhin zögerlich und trank viel. Nach 15 Monaten setzte sich mein Selbsterhaltungstrieb durch: Der klägliche Rest meines Körpers bäumte sich auf und drehte den Hahn ab. Schluss, aus, vorbei. Meine Brüste gehören mir und so. Der Sohn reagierte voller Unverständnis und Wut auf meine plötzliche Rückeroberung seiner besten Freunde. Ich zog meinen Feldzug jedoch eisern durch, und ein Wunder geschah: Der Sohn aß. Feste Nahrung. Es war verrückt. Zu diesem Zeitpunkt war die Breiphase längst überschritten, und das Kerlchen aß, was wir aßen, als hätte er nie etwas anderes getan.

Ich habe jetzt also ein gestilltes und ein nicht gestilltes Kind. Was besser war, fragen Sie? Stillen ist anstrengend und kräftezehrend, aber auch schön und praktisch. Fläschchen geben kann auch mal der Mann oder die Oma oder sonst wer. Es kann genauso kuschelig sein, und meine Tochter und ich haben mindestens eine genauso gute Bindung. Das ständige Wasserkochen und Flaschen-Sterilisieren ist aber ein Fulltimejob und nervt total. Letztendlich muss es jeder für sich falsch machen. Der einzige Tipp, den ich für Sie habe, ist folgender: Haben Sie immer eine Stecknadel dabei, und bei Kommentaren zu der Ernährung Ihres Kindes führen Sie diese kurz und präzise in die Brustwarze ihres Gegenübers ein. Das sorgt für Ruhe und Seelenheil Ihrerseits.

ICH GEB DIR EINEN NAMEN UND DU SAGST MIR, WER ICH BIN

Vielleicht stelle ich jetzt eine zu gewagte These auf und Gleichstellungsbeauftragte weltweit jagen mich von nun an mit Fackeln und Mistgabeln Richtung Mond, aber ich tue es trotzdem. Ich behaupte: Sich bereits im Kindesalter Vornamen für sein minus zwanzig Jahre alte Kind zu überlegen, ist ein Mädchending. So, jetzt ist es raus.

Ich wusste jedenfalls bereits im zarten Alter von fünf, dass meine Tochter Nena heißen würde. Ja, genau, wie die Frau mit der lustigen Frisur und den 99 Luftballons. Dass ich auch einen Jungen bekommen könnte, schloss ich kategorisch aus. Ich mochte Jungs nicht. Jungs waren igitt. Einen Jungennamen würde ich definitiv nicht brauchen. Über die Jahre hinweg hieß meine zukünftige Tochter Sandra, Madonna, Whitney und sogar kurzzeitig Sinead. Die Popmusik der 80er und 90er Jahre versorgte mich zuverlässig mit Inspiration.

Die Kinder, die mit mir in den Kindergarten und die Schule gingen, hießen Stefan, Michael, Julia, Andrea, Jennifer und Christian. Viel mehr Namensvielfalt gab es nicht. Man musste immer die Nachnamen dazu sagen, damit klar war, welcher Stefan oder welche Julia gemeint war. Ich heiße Marlene, und ich hasste es. Niemand hieß Marlene. Abgesehen von einer mir mehr oder weniger bekannten Dame, die offenbar nur in Schwarzweiß existierte, auf Bildern immer böse schaute und derentwegen ich ständig von Erwachsenen gefragt wurde, ob ich mit Nachnamen Dietrich hieße. Ein Witz, über den ich auch dreißig Jahre später nicht mal aus Höflichkeit den Mund zu einem kleinen Lächeln verziehen kann. Verzweifelt wünschte ich mir zu jeder Gelegenheit einen neuen Vornamen. Ich wollte auch so heißen wie die anderen. Ich wollte auch eine Julia sein. Individualität war echt nicht mein Fall. Aber weder der Nikolaus noch der Osterhase brachten mir einen neuen Namen, und so arrangierte ich mich irgendwann. Nur, das «Trauma» blieb.

Heutzutage ist es vielen Eltern wahnsinnig wichtig, einen Vornamen für das Kind zu wählen, der möglichst einzigartig ist. Der individuelle Vorname drückt die Anti-Mainstream-Haltung der ultra-unangepassten Eltern aus: «Unser Kind heißt anders!» Das Internet ist voll von Listen der Top 100 der beliebtesten Baby-

Vornamen der letzten fünfzigtausend Jahre. Mich beschleicht dabei ja oft das Gefühl, diese Listen existieren ausschließlich, um Namen auszuschließen: «WAS? Es gibt schon vier Menschen in Deutschland mit dem Namen Arwen-Hannelore?! Stefan, wir brauchen eine neue Namensidee. Wie hieß denn der dritte Wichtel von rechts in *Harry Potter und der Stein der Weisen?*»

Vor ein paar Jahrzehnten wurde das Vornamenthema von werdenden Eltern noch recht entspannt betrachtet. Das Geschlecht des Kindes offenbarte sich meist erst nach der Geburt, und so nahm man sich im Kreißsaal fünf Minuten Zeit, den neuen Erdenbürger zu benennen. Jungs konnten im Zweifelsfall immer den Namen des Vaters bekommen, und Mädchen hießen einfach Julia. Zack, so einfach, so effektiv.

So problemlos funktioniert das heute leider nicht mehr. Spätestens, aber echt allerspätestens wenn der Schwangerschaftstest einen Hauch von zweiter Linie zeigt, geht das Projekt Namensfindung los.

Die Namenswahl für das Kind muss heutzutage erst mal bei Ihnen selbst anfangen, bei Ihrer Psyche, in Ihrem Innersten. Zum Glück hilft Ihnen da unser aller Freund: das Internet. Aberdutzende Seiten bieten bereits Psychotests an, die Ihnen bei der Wahl des Vornamens helfen. Fragen wie «Was ist Ihre Lieblingsfarbe?» und «Würden Sie lieber auf dem Land oder in der Stadt leben?» spielen bei der wissenschaftlichen Auswertung eine ganz entscheidende Rolle. Ich zum Beispiel bin laut Test eine trendy Influencerin und meine Tochter sollte unbedingt Luisa heißen. Dummerweise heißt meine Tochter schon seit ihrer Geburt nicht Luisa, und ich habe keine Ahnung, ob sie oder ich jetzt deswegen therapeutische Hilfe benötigen. Vielleicht also doch besser nicht auf die «Wissenschaft» des Internets hören.

Kaufen Sie sich dann doch lieber ein nettes Vornamenbuch. Aber auch hier können Sie nicht einfach nach Geschmack entscheiden. Ein Vorname hat Herkunft, Bedeutung und will weise gewählt sein. Überlegen Sie erst mal, was aus Ihrem Kind werden soll. Also so karrieretechnisch. Wie karrieretechnisch?, fragen Sie sich jetzt vielleicht. Das muss doch das Kind selbst entscheiden, und das kann doch jetzt noch keiner wissen und überhaupt hat das doch nichts mit dem Namen zu tun. GANZ FALSCH! Sie haben jetzt in der Hand, was aus dem Zellkrümel im mütterlichen Bauch wird. Nur Sie! Und zwar durch die strategische Wahl des Vornamens. Ich hoffe, Sie sind sich der großen Verantwortung bewusst. Jeder jeder jeder wird Ihnen sagen, dass ein Kevin-Justin niemals Chefarzt werden könne, wohingegen Friedrich-Maximilian sofort nach der Geburt seiner Mutter den Dammriss näht. Und eine Schantal-

Schakkeline tut nur die Omma winken können, während Elisabeth-Marie in Literaturwissenschaften promoviert. Mit zwölf.

Überhaupt wird jeder jeder jeder Ihnen etwas zum Thema Vornamen sagen, sagen Sie also lieber nichts. Was ich meine: Wenn Sie nicht wollen, dass jede wunderschöne Namensidee, die Sie für Ihren Bauchbewohner haben, durch den Kakao gezogen wird, sollten Sie das Thema vielleicht besser nicht öffentlich besprechen. In meinen Schwangerschaften musste ich lernen, dass die meisten Menschen nicht gerade sehr, äh, feinfühlig dabei sind, ihre Meinung kundzutun: «Lasse? Da kannte ich mal einen, der hatte Mundgeruch.» Oder: «Elsa? Da denke ich sofort an eine Kuh.» Tja, und so schnell ist der schöne Name futsch. Wer will schon eine Kuh mit Mundgeruch als Kind?!

Ich muss zugeben, ich habe es mir nicht leicht gemacht mit der Namenswahl für meine Kinder. An das Marlene-Trauma zurückdenkend, wollte ich meinen Kindern einen Namen geben, den sie mögen. Einen Namen, den sie nicht buchstabieren müssen. Einen Namen, den man auch in meiner badischen Heimat korrekt aussprechen würde. Eine Stella wird hier nämlich zu Schdella, und der kleine George, der neu im Kindergarten ist, wurde mir von meiner Tochter fröhlich als Schorsch vorgestellt. Zudem sollte der Vorname mit dem Nachnamen harmonieren. Jeder kennt doch einen, der einen kennt, der einen kennt, der Axel Schweiß oder Rosa Schlüpfer heißt. Letztlich blieben beide Kinder nicht namenlos, und auch nach Jahren bin ich glücklich mit der Wahl und, fast noch wichtiger: sie auch.

Mein Rat zur Namenswahl: Bleiben Sie locker! Wenn Sie Justin gut finden, prima. Möchten Sie Oma Elfriede zuliebe den Namen in der Familie weitergeben, auch schön. Ohren zu und durch ist die Devise. Es ist Ihre Entscheidung. Am Ende wird Ihre Familie auch den kleinen Benjamin lieben, obwohl der damals bei Ihrer Schwester in der 3b immer so doll gepupst hat. Und wenn Sie jetzt denken, dass Benjamin ja ein ganz schön langer Name ist und so ein großes Tattoo bestimmt sehr weh tut, dann nennen Sie ihn halt Ben. Ist auch billiger.

ALLES FRISCH – DAS KIND JEDENFALLS

SCHLAF, KINDCHEN, SCHLAF, DIE MAMA IST AM ARSCH …

Über kaum ein Erziehungsthema wird im Internet wohl so viel gestritten wie über das Thema Schlaf. Und jetzt, Überraschung: Auch ich habe eine Meinung dazu. Sollte sich aber bei Ihnen nun schon freudige Erregung einstellen, weil Sie hoffen, ich hätte ein Patentrezept für Sie, dann hören Sie jetzt auf zu lesen. Ernsthaft: Klappen Sie das Buch zu, und rennen Sie ein paar Mal wild fuchtelnd um den nächsten Busch. So können Sie prima Aggressionen abbauen. Davon haben Sie mehr. Denn ich habe keine Ahnung, was diese ganze Schlafenssache angeht. Meine Kinder sind zwei und vier, und ja, sie schlafen. Also manchmal, weil der Körper es verlangt. Das Problem ist auch nicht der Schlaf an sich, sondern hauptsächlich das Wann und Wie.

Es gab Zeiten, da fand ich das Thema Schlaf und Kinder total simpel. Man nehme das Kind, lege es in sein

Bett, singe ein Liedchen und schwuppdiwupp: heia popeia. Das war, bevor ich Mutter wurde.

Schon wenige Tage nach Geburt meines ersten Kindes hatte ich das dringende Bedürfnis, mein jüngeres Ich kräftig zu ohrfeigen. Fakt ist nämlich: Säuglinge schlafen zwar viel, aber natürlich nicht in ihrem Bett. Nein, auch nicht in dem liebevoll dekorierten Stubenwagen mit atmungsaktiver arschteurer Matratze. Sie schlafen auf Mama. Okay, manchmal auch auf Papa oder einem anderen menschlichen Wesen. Das aber nur, wenn sie sehr satt sind. Sonst auf Mama. Wenn möglich mit Brustwarze im Mund. Falls ein kleines Hüngerchen kommt. Auf Mamas eigene Schlaf-, Ess- oder Klobedürfnisse kann dabei natürlich nur wenig bis gar keine Rücksicht genommen werden. Aber das waren noch die guten Zeiten.

Werden aus Babys erst mal Kleinkinder, muss man ja höllisch aufpassen, wann sie schlafen. Zu dem Thema gab es auch schon mal einen super Tweet (ähm, räusper*). Jedenfalls, sollte so ein Kleinkind außerhalb der Mittagsschlafenszeit (etwa um 17 Uhr im Auto) mal einschlafen, und sei es nur für fünf Minuten, dann verzögert sich der Nachtschlaf um etwa drei bis sechs

---

* 17 Uhr. Das Kleinkind ist im Auto eingeschlafen. Nur Eltern erkennen die Tragik hinter dieser Aussage.

Stunden. Kleinkinder sind in der Lage, Energie aus so einem schlecht getimten Powernap zu ziehen, von der Erwachsene auch nach fünf Liter intravenös zugeführtem Kaffee nur träumen können. Autofahrten am Nachmittag müssen also stets von lautem Gesang und Getrommel begleitet werden. Oberste Priorität ist es, das Kind vom Einschlafen abzuhalten. Da müssen die eigenen Peinlichkeitsgrenzen (wenn überhaupt noch vorhanden) schon mal stark ausgedehnt werden. Entgeisterte Blicke anderer Autofahrer sollten Sie nicht von Ihrer Mission abhalten.

Wenn dann erst mal (endlich) der Abend gekommen ist und Sie der Meinung sind, das Kind müsse jetzt schlafen, fängt der Kampf an. Ich läute diese erste Runde gegen 19 Uhr ein. Zähne müssen geputzt, Schlafanzüge angezogen und Popos gewickelt werden. Dieses Prozedere erfordert in der Regel schon 8000 Wörter in allen Tonlagen meinerseits sowie meine ganze körperliche Kraft. Erschöpft (also ich) liegen wir dann irgendwann endlich im Bett. Ja, doch. Sie lesen richtig: WIR liegen. Sollten die Kinder nämlich je erfahren, dass es noch ein Leben nach dem Beginn ihrer Nachtruhe gibt, bin ich geliefert. Also muss ich so tun, als würde auch ich schlafen. Zugegeben, das fällt mir nicht schwer. Um 19 Uhr bin ich bereits so müde, wie Studenten sonntagmorgens um neun.

Da liegen wir also. Jetzt wird's spannend. Was soll ich singen, erzählen oder vorlesen? Ich muss wohl nicht dazu sagen, dass es mir völlig bims ist. Den Kindern leider nicht. Selbstverständlich hat jeder der beiden eine andere Vorstellung des Mama-Unterhaltungsprogramms. Es muss also erst mal gekämpft werden. Und nein, nicht im übertragenen Sinne. Die Kinder kämpfen so lange, bis einer heult. Meistens ich. Letztendlich einigt man sich dann doch wieder auf «Die Affen rasen durch den Wald», gesungen von Mama in Endlosschleife. Das geht dann ca. 45 Minuten lang. Natürlich nicht ohne Unterbrechungen: Durst, Pipi, das Kuscheltier ist rausgefallen, Mamas Auge muss angepiekst werden, die Windel kratzt, «Ich bin noch gar nicht müde», «Haben Käfer Ohren?», «Mir ist warm/kalt/ungemütlich», «Kann ich puzzeln?». Irgendwann, nach tausenden Affen, die durch den Wald gerast sind, schlafen sie dann. Jetzt heißt es leise, leise, leise das Kinderzimmer verlassen. Ein falscher Tritt auf eine knarzende Diele kann dazu führen, dass das ganze Prozedere von vorne beginnen muss. Pro-Tipp: Robben Sie bäuchlings aus dem Raum.

Wenn das alles geschafft ist, fängt endlich die freie Zeit an. Diese 20 Minuten wollen klug genutzt werden. Oft spielt die Spülmaschine dabei eine entscheidende Rolle. Sie denken: Na gut, jetzt schlafen so Kinder ja mindestens mal zehn Stunden. Ich denke: Sie sind sehr süß. Wenige Stunden später erklingt in der Regel schon der erste MAMA-Ruf. Die Kinder haben mein Fehlen in ihrem Bett bemerkt. Sie wollen ins elterliche Bett umsiedeln. Sie wollen dort auf Mama schlafen. Sie wollen nicht wissen, was Mama davon hält. So «schlafen» wir dann bis zum nächsten Morgen. Handelt es sich um einen Tag, an dem wir morgens nicht aufstehen müssen, endet die Nacht gegen 5:50 Uhr. Sollten wir jedoch irgendwo hinmüssen, muss man die Kinder gegen 7:30 Uhr energisch wachrütteln, schlafend anziehen und befrühstücken.

An dieser Stelle fragt sich nur, wenn keine Kinder hat: Warum tut die Frau sich das an? Warum steckt sie die Kinder nicht einfach abends in ihre Betten und verlässt den Raum? Warum spricht sie kein Machtwort? Das ist sehr einfach zu erklären: Ich gebe den Kindern gerne diese Geborgenheit. Die Gewissheit, immer in meine Arme kommen zu dürfen, egal wann. Und ich habe jetzt schon das Gefühl, dass dies rückblickend die schönste Zeit meines Lebens sein wird.

AUFS MAUL, ZOMBIE-MOM!

Das Baby ist da, und plötzlich bist du nur noch Milch und Wärme, Trost und Sicherheit. Du bist die ganze Welt für dein Kind, aber wer bist du denn eigentlich? Bist du noch du? Erkennst du dich noch?

Bei mir war das so: Eines Morgens sah ich diese fremde Frau im Bad. Sie sah nicht gut aus. Ihre Haut war blass, sie hatte tiefe Augenringe und wirres Haar. Ich war besorgt. Was war los mit ihr? War sie krank? War sie irre? Beides konnte durchaus zutreffen. Bevor ich anfangen konnte, mir darüber Gedanken zu machen, wer diese Frau war und wie sie in meine Wohnung gekommen war, erkannte mein übermüdetes Ich die Wahrheit. Es war ein Schock: Ein irrer, anämischer Zombie war aus mir geworden.

Die erste Zeit mit Kind ist wunderschön: Sie erschnüffeln sich, lernen sich kennen, werden eins und erleben eine nie dagewesene Liebe. Diese Zeit ist einmalig, sie kommt nie wieder, und wer schon größere

Kinder hat, vermisst sie bisweilen schmerzlich. Es ist aber auch eine Zeit, in der man seine Individualität aufgibt. Und das beginnt bereits in der Schwangerschaft. Spätestens ab der 20. Woche sind Sie unübersehbar nicht mehr alleine. Sie sind zwei. Und Ihre Gefühle und Gedanken kreisen hauptsächlich um das Kind in Ihrem runden Bauch. Und dieses Gefühl, mehr als eine Person zu sein, verschwindet nach der Geburt nicht einfach. Das Baby, dieses warme süße Bündel, ist weiterhin durch eine unsichtbare Nabelschnur ganz eng an Sie gebunden. Und das ist gut so. Die Natur hat das genau richtig gemacht.

Allerdings sind Babys die absoluten Rekordhalter in Sachen Wachstum. Innerhalb von wenigen Monaten wird aus so einem Miniwesen oft schon ein properes Baby, das plötzlich auch mal eine Runde poft, ohne dass Sie unter ihm liegen, oder Spaß daran findet, eine halbe Stunde lang amüsiert die Deckenlampe anzuglotzen. Und spätestens dann passiert es: Sie sehen in den Spiegel und entdecken Zombie-Mom.

Jetzt heißt es mutig sein: Da ist plötzlich schlaffe Haut, wo vorher ein schöner, praller Bauch war, Sie finden büschelweise Haare an Stellen, wo Sie diese ganz und gar nicht wollen, und dort, wo Haare erwünscht sind (auf dem Kopf), haben Sie einen Wischmopp to go. Ihre Gesichtsfarbe erinnert an die einer Wasserleiche, und Ihre Augen sehen aus wie die Münzschlitze einer Parkuhr.

Sie wollen mich jetzt mit fauligen Eiern bewerfen und schreien: «Ich sah wunderschön aus, mein Körper hat Leben erschaffen, das Glück strahlte mir aus jeder Pore und ließ mich engelsgleich schimmern»? Dann beglückwünsche ich Sie von ganzem Herzen und entschuldige mich, dass ich Sie pauschal zu einer verrückten Wasserleiche gemacht habe. Lassen Sie es mich klarstellen: ICH sah so aus, und das machte mich nicht gerade froh.

Ich gehörte nicht zu den Personen, die in der Schwangerschaft viel Geld für Umstandsmode ausgegeben haben. Und auch in stillfreundliche Oberbekleidung habe ich nicht investiert. Da war ich plötzlich geizig. Das lohnte sich doch gar nicht für die kurze Zeit, fand ich. Ich hatte mir also die Klamotten in den letzten Monaten bei ehemals schwangeren Freundinnen geliehen und lebte nach dem Motto: «Was über die Kugel passt beziehungsweise schnell die Kugeln freilassen kann, wird angezogen». Wer mich besser kennt, wird sich an dieser Stelle wundern. Ich bin bekanntermaßen Miss (Online-)Shopping. Ich liebe es, Kleidung zu kaufen, und auch bei Kosmetika, Accessoires und Schuhen schlägt mein Herz schnell höher. Manche nennen es oberflächlich, konsumgeil oder verschwenderisch. Ich nenne es vielseitig interessiert an hübschen Dingen.

Ich liebe es, Mutter zu sein, aber plötzlich vermisste ich mich sehr. Ich wollte auch mal wieder ein Buch lesen, ins Kino gehen, Freunde treffen. Und das ohne Kind und Kotze auf dem Shirt. Ich wollte hübsch sein, gut riechen und Gespräche abseits von Kinderthemen führen. Und ich wollte aussehen wie ich selbst. Wie ich mich von früher kannte.

Es war also an der Zeit, mir selber wieder etwas mehr Aufmerksamkeit zu gönnen. Leichter gesagt als getan. Das erste gemütliche Vollbad mit Haarkur und Gesichtsmaske hatte aber nicht die entspannende Wirkung, die ich mir erhofft hatte, denn in Gedanken war ich immer noch beim Kind: Was wohl das Baby macht? Ob der Papa es schon gewickelt hat? Habe ich ihm gesagt, dass er die blaue Popocreme benutzen soll? Oh, war da ein Schrei? Ich hechtete panisch aus der Wanne, und damit war das wohltuende Bad auch schon vorbei.

Auch der erste Friseurbesuch war schwierig. Also für den zwanzigjährigen Hipster-Friseur. Er bekam nämlich exklusiv alle drölfzigtausend Handyfotos der Tochter gezeigt: Tochter in der Wanne, Tochter mit breiverschmiertem Gesicht, Tochter im Wohnzimmer, Tochter in der Küche, Tochter im Kinderwagen ... Wen bitte schön sollte das denn nicht interessieren? Am

Ende kam ich aber trotzdem mit einer Frisur, die nur noch wenig Ähnlichkeit mit einem Wischmopp hatte, nach Hause.

Überhaupt ist Alleinsein ein Thema, das erst mal wieder erlernt werden will. Da steht man im Supermarkt und ertappt sich plötzlich dabei, den Einkaufswagen beruhigend hin und her zu schuckeln, oder spricht im Gespräch mit anderen von sich in dritter Person als «die Mama».

Verrückterweise ist man ja auch als Mutter noch Mensch. Sagen Sie das ruhig weiter. Jeder soll es wissen. Wie soll denn Ihr Kind ein selbstbewusster, interessierter Mensch werden, wenn Sie selber keiner mehr sind? Aber irgendwie wird einem dieses Menschsein auch nicht gerade leicht gemacht. Verlasse ich das Haus alleine, kommt garantiert die erstaunte Frage: «Wo sind denn deine Kinder?» Wo bitte schön sollen sie denn sein? Klar, ich bin die Beste (lachen Sie nicht!), aber es gibt auch noch vertrauensvolle andere Personen, die die Kinder betreuen können, ohne sie Kugelschreiber im Keller zusammenbauen zu lassen.

Meine Kinder sind mittlerweile keine Babys mehr. Ich muss nachts nicht mehr stündlich stillen, und auch tagsüber gibt es kurze Verschnaufpausen für mich. Und trotzdem begegnet er mir morgens noch oft im Spiegel: der irre anämische Zombie. Dann beginnt der allmorgendliche Kampf *Schlaf versus Schönheit*. Beinahe täglich frage ich mich, ob es nicht doch endlich Zeit für einen praktischen Kurzhaarschnitt wäre. So was Flottes à la Inka Bause oder Claudia Effenberg. Ich könnte dann mindestens acht Minuten länger schlafen. Und wenn ich Hosen und lange Shirts trüge, würde auch keiner bemerken, dass ich die Haarentfernung im wahrsten Sinne des Wortes verpennt hatte.

Zum Glück habe ich einen Weg gefunden, meine Liebesbeziehung mit der Snoozetaste aufrechtzuerhalten und dabei trotzdem noch etwas Restaurationsarbeit erledigen zu können: Ich renne. Stellen Sie sich mich einfach im *Fast-forward*-Modus zwischen Wimperntusche und Windeln vor. «The Flash» kann da echt einpacken. Und das Coolste dabei ist ja, dass ich dann auch gleich schon Sport gemacht habe. Kein Yoga mehr nötig. Die irre Zombie-Mom lasse ich also zu Hause, und unter Leute gehe ich so, wie ich mich wohlfühle. Und das sogar manchmal alleine und nur zu meinem Vergnügen. Allen doofen Sprüchen und schiefen Blicken zum Trotz.

Ja, es ist tatsächlich wahr: Mit Kind wird alles anders. Besser? Für mich definitiv. Aber auch chaotischer, müder, schmutziger und fremdbestimmter. Ich veränderte mich. Innerlich wie äußerlich. Aber ich blieb bei mir. Ich finde Körperpflege nach wie vor wichtig, ich mag frisch gewaschenes Haar und saubere Fingernägel. Ich treffe mich mit Freunden und interessiere mich für Themen abseits von meinen Kindern. Ich arbeite und habe Hobbys. Die Kinder sind immer bei mir. In meinem Herzen.

Ich gehe meinen Weg jetzt häufiger in Turnschuhen statt in High Heels. Aber in hübschen.

ELTERNZEIT – IN GEISELHAFT BEI EINEM ZAHNLOSEN DIKTATOR

Als Elternzeit wird in Deutschland ein Zeitraum unbezahlter Freistellung von der Arbeit nach der Geburt eines Kindes bezeichnet (Wikipedia).

HALLO? BRENNT'S? Freistellung von der Arbeit? Nie hatte ich mehr Arbeit als in dieser Zeit.

Die Geschichte der Elternzeit ist eine Geschichte voller Missverständnisse. Das größte Missverständnis liegt darin zu glauben, man hätte Urlaub. In Wahrheit ist es das härteste Bootcamp überhaupt, und der Trainer ist ein unerbittlicher Folterknecht. Ein kleiner, zahnloser, brabbelnder Diktator. Er kennt Methoden, Ihnen das Leben zur Hölle zu machen: Schlafentzug gehört zu den grausamsten. Der Diktator (im Folgenden: das Baby) möchte nämlich rund um die Uhr Ihre ungeteilte Aufmerksamkeit. Insbesondere möchte das Baby ständig verköstigt werden. Morgens, mittags, abends, nachts. Immer. Möchte es nicht verköstigt werden, dann möchte es gewickelt, geschaukelt, rumgefahren oder bespaßt werden. Morgens, mittags, abends, nachts. Immer. Das führt dazu, dass es Ihnen wie ein Akt größter Gnade erscheint, wenn das Baby Sie mal länger als drei Stunden am Stück schlafen lässt. Aber geraten Sie jetzt nicht gleich in freudige Erregung: Das passiert sehr, sehr selten. In der Regel schleppen Sie sich von Power Nap zu Power Nap und gehen nach kürzester Zeit am Stock. Besser gesagt, Sie kriechen. Zum Gehen sind Sie nämlich zu müde. Sie tagträumen von Federbetten, Steppdecken, ägyptischen Seidenlaken und wären gerne bereit, Ihr gesamtes Vermögen für zehn Stunden Schlaf zu opfern. Ahnungslose behaupten jetzt vielleicht, dass Babys doch so viel schlafen würden und man könne doch dann … STOPP! Unterbrechen Sie Ihr Gegenüber in diesem Moment durch einen energisch ausgestreckten Mittelfinger und drehen Sie sich wortlos um.

Wenn Sie dann doch mal dem köstlichen Verlangen nachgeben und einschlafen, setzt das Baby eine weitere sehr effektive Foltermethode ein: Geräuschbeschallung. Babys können fast nichts, dadurch ist es ihnen möglich, all ihre Stärke in dieses Talent zu legen: das Schreien. Es ist quasi ihre Inselbegabung. Babys können wahnsinnig laut, wahnsinnig schrill und wahnsinnig ausdauernd schreien. Sie werden das Baby unter Tränen anbetteln, endlich still zu sein. Vielleicht bieten Sie ihm sogar Geld, Schmuck und Luxusautos an (nein, das habe ich natürlich nie gemacht. Hüstel). Vergessen Sie es! Solange es nicht genau bekommt, was es will, wird es den «Aus»-Knopf nicht betätigen. Das wirklich Perfide dabei ist, dass der kleine Diktator Ihnen nicht einfach sagt, was er will. Das ist dann einer der Momente, in dem Sie sich ein bisschen Urlaub in Ihrem Beruf wünschen.

Aber das ist noch längst nicht alles. Das Baby lässt Sie hungern, indem es nämlich dafür sorgt, dass Sie keine Zeit haben, sich selbst etwas zu kochen. Ich ernährte mich irgendwann jedenfalls nur noch von den Abfällen des Kindes. Eine angelutschte Brezel da, ein paar unter den Tisch gefallene Nudeln hier. So überlebte ich. Wenn man das noch Leben nennen kann. Ich befand mich schließlich in Gefangenschaft. Das sah man mir auch bald schon an: Wie sich das für eine Geisel nämlich so gehört, war ich dreckig. Milchkotze auf der Schulter, verklebte Hirsekringel am Jogginghosenpopo und ungewaschene Haare. Außerdem müffelte ich leicht. Jetzt gucken Sie doch nicht so angewidert! Ich hatte selten die Erlaubnis, äh Zeit, zu duschen.

Vielleicht wäre ich mit dieser Schlaf-, Geräusch-, Hunger- und Verwahrlosungssache noch klargekommen, wäre da nicht die schlimmste aller Foltermethoden gewesen: Langeweile. Wieso mir langweilig war, schreien Sie jetzt vielleicht empört. Gerade hatte ich doch noch gejammert, wie viel ich zu tun hatte. Ja, natürlich hatte ich viel zu tun. Mein Körper war ausgepowert wie nie. Aber mein Kopf. Mein Kopf langweilte sich. Das Baby wollte zwar ständig meine Aufmerksamkeit, gab mir aber so rein intellektuell wenig zurück. Unsere Gespräche waren, wie soll ich sagen, recht einseitig:

«Hast du eigentlich Michael Jackson je live gesehen?»

«Wäääääähhhh.»

«Was könnte man nur tun, um den CO_2-Ausstoß zu verringern?»

«Wäääääähhhh.»

«Do you speak English?»

«Wäääääähhhh.»

In meinem Hirn fegte irgendwann nur noch ein kleiner Heuballen durch die Prärie. Das musste sich schleunigst ändern. Ich brauchte andere Menschen. Gleichgesinnte. Andere Geiseln. EINE SELBSTHILFE-GRUPPE! Ich meldete mich also bei der örtlichen Krabbelgruppe an. Kennen Sie das Gefühl, wenn man sofort weiß, hier bin ich richtig, das werden alles meine neuen Superfreunde, wir passen zusammen wie Deckel auf Topf? Best friends forever? Ich fühlte genau das Gegenteil. Aber okay, ich wollte dieser Sache eine Chance geben. Das Erwachsenenhirn brauchte dringend Futter.

Ich hatte Ihnen bereits früher mal meine Meinung zu mich involvierendem Gruppengesang mitgeteilt (ich singe niemals nicht in Gesellschaft!), und nach sehr kurzer Zeit geschah, was geschehen musste: Wir stimmten ein Liedchen an. Und in diesem Fall war nicht mal der Gesang das Problem, es war der Text: «Der Herrgott hat meine Hände gemacht, der Herrgott hat meine Füße gemacht, der Herrgott …» Äh, wie bitte?! Der Herrgott? Also ich war mir relativ sicher, dass der Herrgott damals nicht dabei gewesen ist, und wenn er sich doch irgendwo heimlich versteckt hätte, dann wäre mir das jetzt ziemlich unangenehm. Nein, nein. Der Herrgott war an meinem wunderschönen Kind nicht beteiligt, der sollte jetzt auch nicht die Lorbeeren dafür ernten.

Die Krabbelgruppe war also nicht das Richtige für mich, möglicherweise würde es auf dem Spielplatz besser werden. Sobald das Kind einigermaßen sitzen konnte, setzte ich es also in den Sand und wartete freudig erregt auf meine neuen Elternfreunde. Und wartete. Und wartete. Es wurde kalt, es wurde dunkel, das Kind schlief in der Sandburg, und niemand kam. War ich tatsächlich die einzige Mutter weltweit? Wo waren die anderen Mütter, und wo zur Hölle war der berühmte Latte macchiato? Lifestyle-Zeitschriften hatten mir eine falsche Vorstellung von Spielplatzbesuchen vermittelt. Mit einem schalen Gefühl des Betrogenwordenseins machte ich mich irgendwann auf den Heimweg.

Möglicherweise haben Sie genau das erlebt, was ich mir wünschte. Vielleicht saßen Sie mit einer Soja Latte Caramel flavoured large to go auf dem wunderschönen Abenteuerspielplatz im Szenebezirk und trafen die interessantesten Menschen. Und auch die kleinen Charlottes und Emils spielten ganz entzückend miteinander, während Sie sich über Literatur und Kunst unterhielten. Das freut mich für Sie. Ich lebe aber auf dem Dorf, und hier gab es nur Herrgott und Filterkaffee. Zwei Dinge, an die ich nicht glaube. Letztlich musste ich es alleine überstehen und konnte nach einem Jahr wieder ungesiebte Büroluft schnuppern. Traumatisiert, aber lebend.

Vielleicht fragen Sie sich jetzt, warum ich mich sogar noch ein zweites Mal in diese Elternzeitgefangenschaft begeben habe. Tja, der eine nennt es Liebe, der andere Stockholm-Syndrom. Ja, ist ja schon gut. Ich gebe es zu. Es ist Liebe. Unglaubliche, große, verrückte Liebe zu diesen kleinen Diktatoren.

So im Nachhinein hatte ich übrigens eine Spitzenidee für Menschen wie mich. Eine Art Tinder für Elternzeitgeiseln aus der Provinz auf der Suche nach Gleichgesinnten. Ich nenne es Kinder und matche direkt mal den literaturverliebten, schwulen Koch, der auch gerne backt, während ich die Häkeltante, die Gesangbücher sammelt, wegwische.

Ach, und wenn Sie auf Urlaub stehen: Mutterschutz vor der Geburt – das ist der geile Scheiß.

WARUM HAB ICH VORHER NICHT MWL (MUTTERWIRTSCHAFTSLEHRE) STUDIERT?

LASS MICH DIR DEIN GOLDENES LÄTZCHEN BINDEN, ODER: EINE INVESTITION FÜRS LEBEN

Was kostet ein Kind? Halt, stopp! Bitte bieten Sie mir jetzt keines an. Ich will kein neues kaufen. Mein Bedarf ist völlig gedeckt. Außerdem weiß ich ja, wie ich mir umsonst ein weiteres in Eigenproduktion herstellen könnte. Ich habe auch nicht vor, meine zu verkaufen – obwohl mir der Gedanke zugegebenermaßen schon manchmal morgens um vier nach dem lautstark vorgetragenen Befehl «Du musst jetzt sofort mit mir puzzeln!» gekommen ist. Nein, im Ernst, oft frage ich mich, was Unterhalt, Aufzucht und Pflege eines Kindes eigentlich so kosten. Haben Sie keine Angst, ich fange jetzt nicht an, wirklich zu rechnen. Bereits in der Mittelstufe habe ich meinem Mathelehrer versprechen müssen, das nicht mehr öffentlich zu tun. Das sollen lieber die Damen und Herren vom Statistischen Bundesamt übernehmen. Und diese klugen

Köpfe sagen, dass ein Kind bis zum 18. Lebensjahr etwa 130 000 Euro kostet. Dabei wurden Betreuungskosten, Versicherungen und Arbeitszeit allerdings noch nicht mit eingerechnet.

130 000 Euro. Das ist wahnsinnig viel Geld. Schon klar. Dennoch – und bitte halten Sie mich jetzt nicht für völlig verrückt – erscheint mir dieser Betrag ehrlich gesagt viel zu gering. Gefühlt gebe ich nämlich in der Woche schon 130 000 Euro für die Kinder aus! Aber lassen sie mich ein wenig ausholen.

Fangen wir am Anfang an. Bereits wenige Tage nach der Einnistung des niedlichen, kleinen Zellklumpens in meiner Gebärmutter fing mein Körper an, seinen Bedarf an Nahrungszufuhr zu verdoppeln. Natürlich weiß ich, dass man in der Schwangerschaft nicht für zwei essen muss, mein Magen wusste das aber nicht. Ich hatte großen Hunger, also aß ich. Schwarze eingelegte Oliven, Eis von Ben und Jerrys, Filetsteaks und Biohimbeeren. Ich hatte exquisiten Heißhunger. Das geht schnell ins Geld.

Noch viel schlimmer ist jedoch der teuflische «Awwwww»-Effekt, dem man während der Schwangerschaft erliegt. Alles, was irgendwie niedlich ist und nur im Entferntesten die Assoziation an ein Baby weckt, muss gekauft werden. Da sammeln sich ganz schnell mal 17 putzige Spieluhren, 123 Paar Babysöckchen (sooooo winzig!), 78 Spucktücher mit Flamingoaufdruck, 92 Mützchen für jede Wetterlage, fünf Paar Baby Chucks (die Baby nie tragen wird, weil sie nie passen werden), drölfzig Krabbeldecken und und und. Sobald man als Schwangere einen Babyausstattungsladen betritt, dreht das Hirn völlig frei. Vielleicht wird es einem auch am Eingang von diesen Metalldetektoren aus den Ohren gezogen. Hat das eigentlich schon mal jemand überprüft? Jedenfalls ist man völlig von Sinnen und kauft, kauft, kauft. Zukünftige Väter stehen weinend daneben und sehen nur noch, wie wir bei jedem Wort des beflissenen Verkäufers begeistert nicken. NATÜRLICH BRAUCHEN WIR NOCH 75 EXTRAWARME STRAMPLER AUS MERINOWOLLE-SEIDE-GEMISCH IN GRÖSSE 52. AUCH IM JULI GIBT ES MAL MINUSGRADE. BESTIMMT!

Noch teurer als die oben genannte Ausstattungssoftware ist allerdings, wie immer, die Hardware: Kinderwagen (ich will den, den Kate Hudson bei ihrem 14. Kind hatte), Bettchen nebst Matratze (von Nobelpreisträgern getestet), Wickeltisch (Runterfallschutz!), Wanne, Trage, Laufstall, größeres Auto (in das alte geht der Kate-Hudson-Kinderwagen nicht rein) mit Autositz, Stillschaukelstuhl von Eames (ich will es bequem beim Stillen, ich ernähre unser Kind, DU LIEBST MICH WOHL GAR NICHT?!) und noch eine Menge anderer wirklich ultrawichtiger Dinge. Man liebt sein ungeborenes Kind schließlich sehr und will nur sein Bestes. Nicht, dass einem 16 Jahre später vorgeworfen wird «weil ich damals in so einem hässlichen Kinderwagen lag, finde ich jetzt keine Freundin UND bin schlecht in Chemie». Nein, dieses Szenario ist wirklich zu vermeiden. Durch den Einsatz von Geld.

Ist das Kind erst mal geschlüpft, geht die Konsumschlacht direkt in die nächste Runde. Ich bin sicher, der Reichtum ganzer Drogeriemarktdynastien fußt in erster Linie auf dem Verkauf von Windeln, Schnullern, Stilltee und hochpreisigen Babypflegeprodukten aus ökologischem Anbau (ja, die Marke, die bei allen Instagram-Muttis auf den Wickeltischen steht). Ich weiß nicht, wie es Ihnen geht, aber ich bin ein hoffnungsloses Werbeopfer. Sobald etwas hübsch bedruckt ist und eine vertrauenerweckende Werbegestalt die Wörter Kind und Mutterliebe in einem Satz fallen lässt, muss ich es haben. Oder wenn ein Promi es hat. Oberflächlichkeit galore. Ich weiß wirklich nicht, was da mit mir passiert, aber offenbar sind meine Hormone große Freunde des Wirtschaftswachstums. Sie wuseln durch meinen Kopf, mein Herz, meinen Bauch und schreien: «So süß! Haben wollen!» Da isser wieder, der Awwwww-Effekt, Sie erinnern sich.

Häufig gehe ich in den Drogeriemarkt mit dem unschuldigen, weil wirklich notwendigen Vorsatz, Toilettenpapier zu kaufen, und komme raus mit zwei vollen Taschen und 74,80 Euro weniger auf dem Konto. Das Toilettenpapier habe ich dann meist vergessen. Aber dafür bekommen die Kinder ganz, ganz super niedliche Kekse in Ernie-und-Bert-Form, Badezusatz mit Mandelmilch und total viel anderen überlebenswichtigen Kram.

Sie denken jetzt wahrscheinlich: Selber schuld! Hausgemachte Sorgen! Suchen Sie doch vielleicht mal eine Kaufsuchtberatungsstelle auf. Richtig. Und falsch. Natürlich ist vieles von dem, was man kauft, völlig unnötig. Aber um manches kommt man nicht umhin. Schuhe zum Beispiel. Und ich rede hier nicht über meine Schuhe, das würde nämlich wieder direkt zur Kaufsuchtberatungsstelle führen. Tatsächlich brauchen Kinder *ständig* neue Schuhe. Weil Kinderfüße wachsen wie Unkraut. Superschnell wachsendes Unkraut. Haben Sie eine Ahnung, was Kinderschuhe kosten?

Ja, natürlich haben Sie die. Ich höre Ihre empörten Rufe. Kinderschuhe sind mindestens so teuer wie die für Erwachsene, nur dass sie im Schnitt frustrierende zwei bis fünf Monate passen. Und auch Kinder brauchen mehr als ein Paar. Gummistiefel gefüttert und ungefüttert, Sandalen, Turnschuhe, Turnschläppchen, Boots, Winterstiefel und Hausschuhe.

Und mit der Bekleidung verhält es sich ähnlich. Kinder wachsen einfach viel zu schnell. Das bedeutet jedes Jahr neue Jacke, neue Hosen, neue Pullis und was sonst noch so anfällt. Und vieles davon braucht man auch noch in doppelter Ausführung. Einmal für den Kindergarten, einmal für zu Hause.

Überhaupt Kindergarten. Ich lebe in Baden-Württemberg. Hier kostet der Kindergarten Gebühren. Meine Kinder besuchen ihn sechs Stunden am Tag und essen dort zu Mittag. Sie sind dort gut aufgehoben und haben Spaß. Dieser Spaß kostet mich jedoch monatlich ca. 300 Euro. MONATLICH! 300 EURO! Wissen Sie, wie viele Schuhe ich mir davon … Ja, okay. Vergessen Sie es.

Meine Tochter kommt nächstes Jahr in die Schule, ich würde ja gerne erleichtert aufatmen, weil dann die Kindergartengebühren für sie wegfallen, aber ich muss meine Lunge schonen. Zur Anschaffung der Schulausstattung werde ich nämlich meinen rechten Lungenflügel verkaufen müssen, und der muss möglichst wenig Gebrauchsspuren aufweisen. Andernfalls ist es mir nämlich nicht möglich, die 12 384 benötigten Dinge für das Leben eines Grundschulkindes zu erwerben. Allein ein Schulranzen nebst Mäppchen und Sportbeutel kostet in etwa so viel wie mein erstes Auto im Jahr 1999.

130 000 Euro. Bis zum 18. Lebensjahr. Ich bin erst seit

fünf Jahren Mutter, habe meine Kinder in dieser Zeit bekleidet, kutschiert, gefüttert, beschenkt, gepflegt und betreuen lassen und gefühlt dafür eine Million Euro ausgegeben. Sollten Sie mir jetzt mit Logik kommen, wenden Sie sich bitte an den oben erwähnten Mathelehrer. Wenn es sich wie eine Million Euro anfühlt, dann waren es bestimmt auch eine Million Euro. Da lasse ich mich nicht durch Logik verwirren. Manchmal stelle ich mir vor, was ich mit dem ganzen Geld machen würde, das ich gespart hätte, hätte ich keine Kinder: Kurztrips nach New York, Designermöbel, einen eigenen Koch, ein Loft in Berlin … Es sind eine Million Euro, vergessen Sie das nicht. Aber dann kuschele ich mich mit meinen beiden entzückenden Geldfresserchen auf mein altes Ikea-Sofa und New York kann mich mal. Wer braucht schon Reichtum, wenn er Liebe haben kann?!

DU BIST NICHT MEHR MEIN FREUND, DU DOOFE MAMA! ÜBER ERZIEHUNG

Auf der Welt existieren ca. acht Milliarden Erziehungsratgeber, und trotzdem nennt mich täglich irgendein Kind (meist meins) «alter Kackapups». Liegt das an mangelnder Erziehung? Haben die entsprechenden Eltern (ich) denn diese Ratgeber nicht gelesen?

Tjanun, wir kennen uns ja jetzt schon eine Weile, und deswegen gestehe ich es Ihnen gleich: Ich habe noch nie einen Erziehungsratgeber gelesen. Aber bestimmt nicht, weil ich schon alles kann.

Mit Erziehungsratgebern verhält es sich bei mir wie mit Kochbüchern. Ich schaue sie mir total gerne an. Oft sind sie hübsch bebildert und machen Appetit auf mehr. Mehr Pasta, Braten und Eintopf. Oder eben mehr Kinder. Wobei beides der Figur nicht wirklich zuträglich ist. Aber die Angst vor einer Rundung im Bauchbereich ist nicht der Grund, warum ich die Ratgeber nicht gerne lese und vor allem befolge. Der wahre

Grund ist meine eigene schlechte Erziehung: Ich mache nicht gerne, was andere mir sagen. Ich bin ein Dickkopf. Geben Sie mir jegliche Art von Anleitung, und ich werde bockiger als ein Rudel Dreijähriger an der Quengelkasse. «DU MACHST MIR KEINE VORSCHRIFTEN, JASPER JUUL! DU KENNST MEINE KINDER DOCH GAR NICHT!», möchte ich nach dem Lesen weniger Sätze schreien und wie von Sinnen mit Armen und Beinen strampeln. Kinder sind zu verschieden für Anleitungen. Jedes tickt anders. Weg mit dem Dogmatismus! Ja, Sie sehen schon: Erziehungsratgeber machen mich wütend. Also lese ich keine. Aber erziehen muss ich, ob ich das will oder nicht.

Und meistens will ich nicht. Erziehen landet bei mir nämlich unter den Top Drei der schlimmsten Elternaufgaben. Nach Gebären und Elternabenden. Erziehen ist furchtbar anstrengend. Man sagt die gleichen Dinge immer wieder. Und wieder. Und wieder:

«Bitte lass das braune Stück von der Banane nicht einfach hinter der Couch verschwinden.»

Eine Stunde später: «Wirf das Bananenstück jetzt bitte in den Müll.»

Am Abend: «DIE BANANE! WEGWERFEN!»

Nach drei Tagen: «Warum sind hier so viele Fliegen?»

Sicherlich kennen Sie Sisyphos. Der arme Kerl

musste immer wieder einen schweren Felsbrocken einen Berg hinaufschieben, nur um zu sehen, wie dieser kurz vor dem Gipfel wieder runterrollt. Ich bin seit fünf Jahren Mutter und mittlerweile überzeugt, Sisyphos war Mutter erziehungsresistenter Kinder und die Geschichte wurde nur falsch überliefert.

Beim Erziehen darf man sich also nicht dadurch entmutigen lassen, dass ein Sack Mehl eher auf Anweisungen reagiert als das angesprochene Kind. Wiederholen Sie Ihr Anliegen daher immer wieder. Reagiert das Kind dann irgendwann doch auf Ihre Ansprache, wird es oft noch nicht besser. Das Kind hat nämlich erst mal nicht vor, Ihrer Aufforderung nachzukommen. Das Kind will diskutieren. Erstaunlicherweise braucht so ein Kind noch nicht mal einen großen Wortschatz, um Sie in Grund und Boden zu diskutieren. Bereits als Einjährige haben meine Kinder mich mit dem einfachen Wort «Nein» komplett Schachmatt gesetzt. Aber auch ein Weinkrampf, auf den Boden stampfen oder schnelles Wegrennen haben schon die schönsten Erziehungsansprachen gesprengt. Da steht man dann ratlos da und hat keine Ahnung, was man machen soll. Das Kind will nicht. Also macht es nicht. So einfach, so doof.

Werden die Kinder größer, verändern sich die Reaktionen auf Ihre Aufforderungen meist. In aller Regel fangen die Antworten der Kinder dann mit dem Wort «Aber» an:

«ABER ich bin müde, finde es so schöner, will nicht, muss nicht, kann grad nicht, habe einen wichtigen Grund, den ich dir nicht sage ...» Oder, der Klassiker: «ABER er, sie, es hat angefangen.»

Kinder haben immer recht. Kinder haben immer einen Grund für ihr Tun. Behalten Sie das im Hinterkopf. Dieses Wissen ist die einzige Chance, dass Sie das Kind doch noch dazu bringen, dass es tut, was Sie wollen. Sie müssen es überlisten. Geben Sie dem Kind das Gefühl, selbst auf die Idee gekommen zu sein. Tja, und wenn das auch nicht hilft, dann sollten Sie für den Notfall immer eine Handvoll Gummibären in der Tasche haben.

Ein weiterer Grund für mein schwieriges Verhältnis zum Erziehen ist der Schmerz. Also der mütterliche Herzschmerz. Sobald ich nämlich etwas verbiete oder verlange, werde ich zum Feind:

«Nicht auf die Straße rennen, da kommt ein Auto!»

«Bitte hau andere Kinder nicht.»

«Sag nicht Kackapups zu deiner Oma.»

Diese von Erwachsenen durchaus gut gemeinten Hinweise beschränken Kinder in ihrer Willensfreiheit erst mal massiv. Das bedeutet Krieg. Da möchten Sie vielleicht einfach nur das Leben Ihres Kindes retten, und der kleine freiheitsliebende Mensch pfeffert Ihnen ein «DU BIST NICHT MEHR MEIN FREUND, MAMA!» entgegen. AUA! Das tut weh. In diesen Momenten möchte ich am liebsten sofort den Rückzug antreten. Denn damit trifft mich das Kind an meiner empfindlichsten Stelle, meinem Herzen. Wenn es dann noch ankündigt, mich nicht mehr zu seinem Kindergeburtstag einzuladen, drohe ich vollständig zusammenzubrechen. Dann würde ich den erpresserischen kleinen Herrscher am liebsten an der Patschehand packen und ihn zu einem Kuchen all you can eat einladen, bis wir wieder best friends forever and ever sind. Aber jetzt heißt es stark bleiben, und das ist furchtbar anstrengend. Erst mal muss man sich klarmachen, dass das Kind einen liebt. Auch wenn es einen im Moment nicht leiden kann. So unlogisch. So wahr. Dieses Wissen hilft schon mal enorm dabei, dem Kind Grenzen zu setzen. Und dann hilft nur noch, an was Schönes zu denken und um den Grenzerhalt zu kämpfen.

Ich bin überzeugt, dass Kinder Grenzen brauchen. Aber nicht in Form von Gitterstäben. Nicht in Form von Bevormundung und ohne Machtmissbrauch. Grenzen geben Kindern Sicherheit. Sie bieten Schutz vor Gefahren, die Kinder noch nicht überblicken können. Grenzen schaffen Geborgenheit. Wir leben nun mal nicht alleine auf dieser Welt, und wir können nur in

Frieden miteinander leben, wenn wir Grenzen kennen und respektieren. Mein Ziel in der Kindererziehung (abgesehen davon, dass die Kinder überleben sollen) ist, dass sie zu guten Menschen heranwachsen. Wir tun anderen nicht weh. Wir beleidigen andere nicht. Wir passen aufeinander auf. Wir helfen anderen. Wir grenzen niemanden aus. Wir lügen nicht.

Und deswegen erziehe ich. Deswegen gibt es Grenzen. Das wissen meine Kinder. Und sie testen die Grenzen jeden Tag aus. Das ist ermüdend und nervig und tut weh, und manchmal möchte ich einfach schreiend wegrennen. Aber das ist mein Job als Mutter. Wahrscheinlich der wichtigste.

Natürlich schaffe ich es zeitweise nicht, diese Grenzen konsequent zu verteidigen. Dann sage ich nach dem zwanzigsten Mal «Nein» doch noch «Ja». Damit endlich Ruhe ist. Aber ich traue meinen Kindern durchaus zu, dass sie verstehen, dass es Regeln gibt und eben auch Ausnahmen davon. Sie sind schlau genug zu differenzieren: Wenn es darum geht, ob es erlaubt ist, einfach auf die Autobahn zu rennen, heißt «NEIN» immer «NEIN», wenn es aber um das Umgehen des Fernsehverbots oder einen zweiten Nachtisch geht, heißt «NEIN» manchmal eben auch irgendwann «JA, aber hör endlich auf zu schreien».

Meine Kinder machen viel Quatsch, sie sagen Kackapups und schmieren mit Essen rum. Sie räumen nicht auf oder putzen nicht gerne die Zähne. Aber dann sehe ich, dass sie im Turnen einem kleineren Kind beim Purzelbaum helfen oder dem neuen, schüchternen Mädchen im Kindergarten ein Willkommenslächeln schenken, und ich freue mich wie Bolle. Dafür lohnt es sich. Und wer braucht schon aufgeräumte Kinderzimmer?

MAMA MACHT KOHLE.
A BITTER SWEET SYMPHONY

Schon zu Beginn der ersten Schwangerschaft stand für mich fest: Ich würde mir mit dem Kind ein gemütliches (bitte hier hysterisches Lachen einfügen) Jahr zu Hause machen und dann wieder Teilzeit in meinen Job einsteigen. Ein vernünftiger Plan einer emanzipierten Frau. Ganz zu Hause zu bleiben stand für mich nie zur Option. Ich wollte mein eigenes Geld verdienen, Bestätigung außerhalb von Heim und Herd finden. Ich hatte schließlich studiert!

Heute weiß ich: Dieser Gedanke war arrogantes Gewäsch. Ich hatte ja überhaupt keine Ahnung! Noch nicht.

Aber erst mal stellte sich die entscheidende Frage: Wohin mit dem Minimensch, wenn Mama unterwegs war und Kohle machte? Wussten Sie, dass man so ein Einjähriges keinen klitzekleinen Vormittag lang alleine zu Hause lassen kann? Echt, das schafft es nicht, sich etwas zu trinken einzuschenken, die Windeln zu wechseln oder die einfachsten Gerichte nachzukochen. Es ist mit seinen kleinen Fingerchen leider auch nicht in der Lage, vormittags ein paar hundert Kugelschreiber zusammenzuschrauben, um ein wenig zum Lebensunterhalt der Familie beizutragen. Eine Lösung musste her. Da alle weiteren erwachsenen Familienangehörigen auch in den Mühlen des Kapitalismus strampelten, musste die Betreuungsfrage outgesourct werden.

Zur Option standen Tagesmutter oder Kita. Liebe Tagesmütter, Sie sind toll. Eine Stütze der Gesellschaft. Es liegt auch ausschließlich an mir und meiner Paranoia, wenn ich das jetzt sage, aber ich traute Ihnen damals nicht. Zugegeben, ich habe keine repräsentative Anzahl von Personen aus diesem Berufsstand kennengelernt, aber ich merkte schnell, dass ich mein Kind keiner der vorstellig gewordenen Personen anvertrauen mochte. Ein Erwachsener, ein Privathaus, keine Kontrolle durch andere Erwachsene und ein Kind, das noch nicht sprechen kann. Mein Kopfkino malte schreckliche Bilder. Zu Unrecht? Bestimmt! Aber Mütterherzen sind eben nicht rational.

Es musste also eine Kita gefunden werden. Haben Sie auch schon diese Berichte gehört, in denen Elternhorden vor Kitas campten, im Kampf um den letzten freien Betreuungsplatz, wie Nerds vor dem Apple Store kurz vor Erscheinen des neuesten Must-Have? Oder Geschichten von Eltern, die ihr Kind just im Moment der Zeugung bei ihrer pädagogisch wertvollen, vegan kochenden Traumkita anmeldeten? So nach dem Motto: «Schatz, das hat gerade so schön gekribbelt in meinem Bauchnabel, lass die Hose aus und hilf mir das Anmeldeformular zu suchen.» Tjanun. Man sagt ja, das Glück ist mit den Dummen. In meinem Fall vielleicht eher mit den Arglosen. Ich meldete das Kind bei der örtlichen Kita an und bekam eine Zusage. Ja genau, nur bei EINER Kita. Bei mir in der Nachbarschaft. Und es klappte. Im Lotto werde ich wohl nicht mehr gewinnen. Mein Glück ist hiermit ausgeschöpft.

Es lief also alles wie am Schnürchen, das Kind würde mit 15 Monaten in die Kita gehen. Es würde Freunde finden, Spaß haben, lernen, lachen und glücklich sein, und das fünf Tage die Woche von acht bis vierzehn Uhr. Mhm. Fünf Tage die Woche? Von acht bis vierzehn Uhr? HIIILFEEEEEE!!! Mein Baby gehört zu mir! Wie sollte ich denn so lange ohne sie leben? Plötzlich ballte sich die Panik in meiner Brust, in meinem Herzen. Ich hatte einen riesigen Fehler begangen. Ich hatte die Sache mit der Mutterliebe nicht einkalkuliert in meinen selbstbewusst zurechtgelegten Karriereplan. Ich konnte mein Kind nicht abgeben. Niemand würde es so gut beschützen wie ich. Niemand würde es so sehr lieb haben. Niemand würde verstehen, was es will, wenn es «huggahugga» sagte. Am liebsten hätte ich mir das Kind wie einen Football unter den Arm geklemmt und wäre weggeflogen. Auf den Mond oder einen noch weiter entfernten Planeten.

Leider stehen mir Astronautenanzüge so gar nicht, und so näherte sich der erste Kindergartentag mit großen Schritten, ohne dass ich es hätte verhindern können. Ich kaufte der Tochter also eine hübsche Kindergartentasche und ließ mich nur durch viel psychologisches Geschick des Mannes davon abbringen, diese mit Wanzen und Kamerasystem auszustatten.

Dann begann die Eingewöhnung. Offiziell ist das der Zeitraum, in dem sich das Kind an die Trennung von den Eltern und an den Kindergartenalltag gewöhnen soll. Inoffiziell kann ich sagen, dass die Mutter die Eingewöhnung braucht, damit der Entzug vom Kind nicht ganz so kalt ist. «Die sanfte Eingewöhnung, das Methadonprogramm für junge Mütter» – das wäre doch mal ein Werbeslogan für Kitas. Jedenfalls sollte sich die Eingewöhnung so gestalten, dass das Kind mit mir zusammen ein wenig Kindergartenluft (eine Mischung aus voller Windel, Wurstbrot und Banane) schnuppern sollte. Yippie, ich durfte dabei sein. Ich musste mein Baby nicht hergeben. Doch schon nach wenigen, mich in Sicherheit wiegenden Tagen geschah es: Man verwies mich des Raumes. Das Brechen meines Mutterherzen hört sich übrigens exakt wie das Schließen einer Kindergartentür an. Das weiß ich jetzt. Da stand ich nun also, das Kind drinnen, ich draußen. Ich drückte mein Ohr an die Tür, ich linste durch das Schlüsselloch: kein Weinen, keine Mama-Rufe, kein Huggahugga. Da schlich ich also kinderseelenallein durch die Kita-Gänge und betrachtete die Zertifikate an den Wänden. Bewegungskindergarten, bewusste Kinderernährung, psychologisches Superschallala. Und wissen Sie, was ich da den Erzieherinnen entgegenschreien wollte? STECKT EUCH EURE ZERTIFIKATE IN DEN POPO! Das interessiert mich alles nicht. Seid einfach gut zu meinem Kind, nehmt es ernst, beschützt es, habt es lieb, gebt ihm ein Heim außerhalb seines Zuhauses und habt Verständnis für gebrochene Mütterherzen.

Gerade als ich mich auf einen Wickeltisch stellen und diese Rede in die Welt der Kleinkindpädagogik hinausschreien wollte, öffnete sich eine Tür. Die Tür. Die Tür, die mein Herz brach. Und da wackelte es mir entgegen. Mein Kind. Unbeschädigt. Fröhlich. Am Leben. Ich drückte meine verdutzte Tochter an mich, wie ein Bär den Topf Honig nach einem langen Winter, und fühlte mich ganz bittersweet. Ja, eine bessere Umschreibung gibt es nicht. Kennen Sie das Gefühl zwischen Freude und Trauer, zwischen Schmerz und

Glück, zwischen Lachen und Weinen? Bittersweet! Alles würde gut werden, das Kind würde glücklich sein in der Kita. Ich konnte arbeiten gehen, wieder mehr Freiraum haben und Geld verdienen. Die eintönige Nur-mit-Kind-zu-Hause-sitzen-Zeit sollte vorbei sein. Juhu! Doch da war auch der Schmerz. Ich würde das Kind vermissen. Eine neue Ära würde beginnen. Mein Kleines würde groß werden. Buhu! Aber genau das begleitet einen doch die gesamte Mutterschaft lang: gemischte Gefühle. Es ist ein ständiges Schwanken zwischen Loslassen und Festhalten. Aber loslassen müssen wir. Ob das jetzt mit zehn Monaten, drei oder zehn Jahren ist. Ob an eine Tagesmutter, eine Erzieherin, die Schule, Freunde, Hobbys. Es ist ein ständiges Loslassen. Wichtig ist es, die Balance zu wahren. Also ließ ich los. Mit blutendem Herzen und lächelndem Gesicht, und das Kind wurde ein stolzes Kitakind.

Zwei Jahre später sollte sich die Geschichte wiederholen. Mein Sohn. Die Tür. Das Loslassen. Und das zweite Baby wurde groß.

Sie brauchen jetzt gar nicht genervt schauen und denken, ich sei eine alte Kindergarten-Eingewöhnungs-Streberin. Nein, natürlich nicht. Bis heute gibt es noch Tage, an denen meine Kinder morgens nicht in die Kita wollen. An denen sie schon zu Hause weinen und schreien. Tage, an denen ich sie der Erzieherin in den

Arm drücken muss, damit sie mir nicht nachlaufen. Das ist die Hölle. Das sind Tage, an denen ich mit verkrampftem Herzen und verlaufener Mascara bei der Arbeit ankomme und als Erstes im Kindergarten anrufe, um zu hören, ob es wieder einigermaßen geht. Aber wissen Sie, was ich dann zur Antwort bekomme? Das Kind spielt und lacht und war innerhalb von Sekunden nach meinem Verschwinden fröhlich. Tja, so ist das nun mal. Auch Kinder fühlen bittersweet. Und das ist auch völlig in Ordnung.

HEILE, HEILE GÄNSCHEN – DIE KINDER GEHEN VIRAL

Was machst du den ganzen Tag mit dem erkälteten Kind zu Hause? Langweilt ihr euch?» Feuerwehrmann Sam und ich verstehen die Frage nicht.

Natürlich sind kranke Kinder kein Grund für Scherze. Das weiß ich durchaus. Aber lassen Sie mich für den folgenden Beitrag das Adjektiv krank eingrenzen. Es gibt diese schlimmen Krankheiten, Krankheiten, die unermessliches Leid bedeuten, Krankheiten, die ich mir nicht vorstellen kann, ohne einen dicken fetten Kloß im Hals zu spüren. Krankenhauskrankheiten, Notarztkrankheiten. Mit dieser Art Krankheiten hat mein Beitrag nichts zu tun. Solche Krankheiten können meine Kinder nämlich gar nicht bekommen, weil ich das so beschlossen habe. Weil nicht sein kann, was nicht sein darf. Krude Logik, denken Sie? Recht haben Sie. Trotzdem!

Aber auch die «kleinen» Wehwehchen meiner Kinder

versetzten mich als frischgebackene Mama in Angst und Schrecken: Fühlt sich die Stirn warm an? War das Husten oder nur ein Bäuerchen? Ist dieser Fuß nicht irgendwie komisch geschwollen? Die ersten Monate als Mutter beschäftigten mich täglich circa hundert derlei Fragen. Ich ertappte mich ständig dabei, das kerngesunde Kind auf etwaige Mängel zu untersuchen. Jeder Gebrauchtwarenhändler wäre stolz auf mich gewesen. Und das zu Recht. Ich fand nämlich auch den allerkleinsten Kratzer im Lack. Dachte ich zumindest. Der freundliche Herr Kinderarzt dachte das nicht:

«Aber schauen Sie doch, sieht das nicht irgendwie komisch aus?»

«Das ist ein Ohr.»

«Aber es steht so seltsam ab.»

«Das ist ein Ohr.»

«Aber die Farbe …»

«EIN OHR!»

Ein ausgebildeter Arzt muss eine mindestens fünfjährige Facharztausbildung absolvieren, um als Kinderarzt praktizieren zu können. Ich gehe davon aus, dass drei Jahre davon nur für das Erlernen meditativer Atemtechniken während Erstelterngesprächen benötigt werden. Herr Kinderarzt beantwortete zumindest alle meine hysterisch vorgebrachten Fragen mit zenartiger Geduld und gab mir das Gefühl, vollkommen normal zu sein. Dabei machen wir uns mal nichts vor: Mein Verhalten war weit entfernt von normal. Stellen Sie sich ein Huhn vor, das von einem Fuchs gejagt wird. Ein Zeichentrickhuhn und ein Zeichentrickfuchs in Bugs Bunny. So rannte ich wöchentlich mit Maxi Cosi unterm Arm und Staubwolke hinter mir in die Kinderarztpraxis. Und was soll ich sagen, der Mann machte einen wirklich guten Job. Also nicht als Kinderarzt. Dafür brauchten wir ihn nicht. Nein, als Psychotherapeut. Für mich. Tatsächlich wurde ich nämlich irgendwann entspannter und machte Platz für neue Hühner, äh, Mütter.

Jeder kennt diese Situation: Man wird in den frühen Morgenstunden von einem sich unruhig hin und her rollenden, wimmernden Kind geweckt. Die geeichte Mutterhand befühlt Stirn und Nacken und vermeldet: 38,46 Grad. Während man mit der rechten Hand im Badezimmerschrank nach Fiebersaft sucht, wird mit der linken eine Email an Arbeitgeber, Kita und den Papst verfasst, in der man voller schlechtem Gewissen sein heutiges Fernbleiben entschuldigt. Irgendwann wacht das Glühwürmchen dann auf, und es beginnt der schwierigste Teil des Tages. Der allerschwierigste. Der Teil, den Sie unbedingt vorher üben sollten. Zum Beispiel an tollwütigen Tigern oder Berliner Disco-Türstehern auf Koks. DAS KIND BRAUCHT MEDIKAMENTE!

Wo das Problem ist, fragen Sie? DAS KIND WILL KEINE MEDIKAMENTE! Dem Kind ist es völlig schnuppe, ob es ihm dann besser geht, das Kind lässt sich auch nicht verarschen von wegen «Zaubertrank», «Schau mal, der Mama schmeckt das gaaaaaanz lecker» oder «Du bekommst danach auch Schokolade». Das Kind will keine Augentropfen, keinen Fiebersaft, kein Nasenspray, das Kind will kämpfen. Und das Kind kämpft. Mit aller Kraft. Mit Zuhilfenahme seiner (gefühlt) acht Arme und Beine, unter Einsatz seiner Zähne und Krallen. Und dabei schreit es. Es schreit jugendamtalarmierend laut. Für solche Fälle habe ich folgenden Rat: Ziehen Sie den Footballhelm auf, streifen Sie die Gartenhandschuhe über, und ran an den Kampfzwerg. Vielleicht wird Ihnen dabei von einem Fuß Größe 26 die Nase gebrochen, aber es lohnt sich. Dem Kind geht es nämlich meist kurz nach Verabreichung der Medikamente deutlich besser. «Mir ist langweilig, was machen wir jetzt?»-besser. Das ist schön. Das ist schlecht. Jetzt beginnt Phase zwei: Das Kind soll sich ausruhen. Dem Kind geht es zwar kurzzeitig besser, es soll sich aber trotzdem schonen. Kinder, insbesondere solche, die jünger als sechs Jahre alt sind, schonen sich aber eher ungern bis gar nicht. Grundsätzlich kennen sie nur zwei Zustände: AN oder AUS. Tiefschlaf oder Action. Sie müssen also das Kind bespaßen, ohne dass es merkt, dass es sich dabei schont. Also wird vorgelesen, es werden Bauklötze gestapelt, Puppen gekämmt, es wird gesungen und gekuschelt. Und dabei verfliegt die Zeit nur so. Hahahahaha. Nein! Das tut sie natürlich nicht. Ein Blick auf die Uhr verrät: Es ist 8:45 Uhr. Ja genau, am Morgen. Jetzt heißt es Tränen trocknen (Ihre, das Kind ist okay) und weitermachen. Fangen Sie noch mal von vorne an: lesen, stapeln, kämmen, singen, kuscheln. Wenn Sie diesen Ablauf noch ungefähr dreimal wiederholen, haben Sie wahrscheinlich schon eine weitere Stunde geschafft. Das haben Sie gut gemacht, Sie sind toll, und jetzt machen Sie dem armen Kind endlich den Fernseher an!

Meine Kinder wechseln übrigens üblicherweise zwischen zwei Arten von Krankheit ab: Rotzi oder Kotzi. Rotzi ist das Gute unter dem Schlechten: Das Kind hustet, die Nase läuft, die Stirn ist warm. Damit kommt man meist klar. Sie müssen zwar den Nasenspray- und Fiebersaftkampf führen, aber selbst das Naseputzen ist bei meinen Kindern nicht nötig. Sie sind nämlich auch krank noch sehr umweltbewusst. Einwegtaschentücher? Nein, so was kommt ihnen nicht an die Nase. Sie haben schließlich einen Handrücken. Mit dem können sie die Rotze mit anmutiger Handbewegung ins Ohr befördern. Hallo Greenpeace, wo bleibt der vegane Wurstkorb für so viel Engagement?

Meist ist das alles auch nach wenigen Tagen ausgestanden, und Sie können den heimischen Ausnahmezustand beenden.

Bis Kotzi kommt. Kotzi ist böse. Kotzi ist der Feind. Kotzi ist Voldemort. Kotzi ist, was üblicherweise Magen-Darm-Virus genannt wird. Er lauert im quitschfidelen Kind und wartet dort auf den richtigen Moment, um seine Arschigkeit in voller Pracht zu entfalten. Zum Beispiel, wenn das Kind sich gerade auf Ihrem Arm befindet. Im Supermarkt. Genau dann sammelt sich Kotzi in den niedlichen Kinderwangen und landet in Ihrem Ausschnitt. Es ist ja das eigene Kind, da ist das doch nicht so eklig, meinen Sie. RIESENLÜGE! Es ist supereklig, sich halbverdaute Spaghetti aus dem Haar zu pulen. Auch beim eigenen Kind. Immer! Aber vor allem ist es ansteckend. Rasend schnell sogar. Das Kind ist meist nach einer Nacht, drei neuen Schlafanzügen und fünf Ladungen Wäsche wieder fit. Man selbst hingegen hängt halbtot über der Kloschüssel und steuert vom Würgereiz geschüttelt auf das helle Licht am Horizont zu.

Ich weiß ja nicht, wie Ihnen das so geht, aber während die Kinder nach einer durchkotzten Nacht wieder fit wie ein nagelneuer Nike Air sind, hänge ich noch tagelang in den Seilen. Krank und Mama. Ein Widerspruch der Natur, ein Oxymoron. Ich meine, verstehen

Sie mich nicht falsch, auch Mamas dürfen krank sein. Was will man denn auch machen? Viren und Bakterien haben keinen Respekt vor der heiligen Mutterschaft. Es ist nur leider nicht so einfach. Insbesondere kleine Kinder nehmen keine Rücksicht auf Befindlichkeiten einer Mutter. Also reißt man sich zusammen. Ich bin voll super im Mich-Zusammenreißen. Solange ich nicht gerade aus den Augen blute und keine Gliedmaßen fehlen, mache ich tapfer weiter. Und wissen Sie, was das ist? Doof, doof, superdoof! Wenn man krank ist, legt man sich gefälligst ins Bett, weil man nämlich ersetzbar ist. Zumindest, was die Arbeitskraft angeht. Nicht ersetzt werden kann aber eine Mama.

Also passen Sie auf sich auf. Ich lerne das auch noch.

ANDERE MÜTTER, ANDERE SITTEN

ICH, 36. RABENMUTTER.

Ich bin keine gute Mutter. Ich diene nicht als Vorbild. Ich bin sogar eine sehr schlechte Mutter. Katastrophal, dem Jugendamt zu melden, aus dem Amt zu entheben.

Sagen Sie jetzt nichts. Es ist die Wahrheit. Woher ich das weiß? Natürlich aus dem Internet. Und das Internet weiß alles und hat immer recht.

Es fängt schon damit an, dass ich meinen Kindern morgens Schokomüsli serviere. Müsli MIT SCHOKOLADE. Okay, ansonsten sind Haferflocken drin, und sie essen es mit Naturjoghurt vermischt, ABER SCHOKOLADE! Und abends, wenn ich es eilig habe, dann gibt es manchmal Tiefkühlpizza. Außerdem benutze ich hin und wieder diese Fix-Päckchen zum Kochen. Spaghetti Bolognese mögen die Kinder zum Beispiel nur in der Fix-Variante. Das Internet weiß natürlich, warum: Weil ich die Kinder geschmacklich komplett verdorben und für alle Zeiten ihre Geschmacksnerven vergiftet habe, weil ich schlimmer bin als jede Assimutter bei Frauentausch.

Backen kann ich auch nicht sonderlich gut. Ich habe den Kindern noch nie eine herzförmige Regenbogentorte gebacken oder ihnen aus Pfannkuchen die Tiere des Waldes ausgestanzt. Ich habe ja nicht einmal einen Thermomix. Und das ist noch nicht alles. Nein, ich kann darüber hinaus überhaupt nicht basteln. Schlimmer noch: Ich finde Basteln doof. Meine Schmetterlinge sehen aus wie Slipeinlagen mit Flügeln, und jeder blinde Schimpanse formt hübschere Figuren aus Knete als ich. Ich dekoriere auch das Haus nicht jahreszeitlich. Bei uns sieht es praktisch immer gleich aus. Die Kinder müssen aus dem Fenster schauen, um zu erfahren, ob wir Sommer oder Winter haben.

Noch ein Geständnis: Ich bin pädagogisch völlig ungeschult. Ich war nie auf einschlägigen Lehrgängen und habe nicht einen einzigen Erziehungsratgeber im Regal. Auf Warum-Fragen des Zweijährigen antworte ich manchmal nur «darum», anstatt alles fallen zu lassen und ihm mit Hilfe von Flipchart und Handpuppen zu erklären, warum es allgemein unüblich ist, nur mit meiner Flamingounterhose auf dem Kopf das Haus zu verlassen. Im Winter. Außerdem dürfen meine Kinder fernsehen. Das alleine würde ja schon reichen, um die Internetgemeinde zu Fackeln und Mistgabel greifen zu lassen. Aber es ist ja noch viel schlimmer: ICH PARKE DIE KINDER VOR DEM FERNSEHER! So nennt man das doch?!

Ich kann manchmal nicht mehr, ich will manchmal nicht mehr, ich brauche manchmal zwanzig Minuten meine Ruhe. Und «Peppa Wutz» ist da voll auf meiner Seite. Wenn die Kinder irgendwas dringend tun sollen, es aber dringend nicht tun wollen, dann kann es sogar passieren, dass ich zu einer ganz fürchterlich unlauteren Methode greife: Bestechung mittels Süßigkeiten. Nichts zeigt mein pädagogisches Versagen besser als das. Ja, die Kinder hören manchmal (oft) nicht auf mich. Sie streiten, sie schmeißen Essen durchs Zimmer, sie malen Wände an, sie wollen die Zähne nicht putzen, sie wollen nicht baden, sie wollen nicht wieder raus aus der Wanne, sie wollen nicht ins Bett, sie wollen nicht vom Boden des Supermarktes aufstehen, sie wollen, sie wollen nicht, sie tun. Und wenn ich es morgens eilig habe, weil ich zur Arbeit muss, dann erlaube ich den Kindern eben nicht, auf einem Bein zum Kindergarten zu hüpfen. Rückwärts. Dann dränge ich, dann besteche ich, dann bin ich ungeduldig und lasse sie nicht die Welt entdecken und den Zauber der Natur in sich aufnehmen. Ich beraube sie mit meiner Drängelei ihrer Kindheit. Sagt das Internet.

Ich könnte noch seitenlang weiter über mein Versagen als Mutter berichten: Meine Kinder sind geimpft, sie sind nicht getauft, wenn sie einen bakteriellen Infekt haben, bekommen sie Antibiotika, sie bekommen keine Globuli, sie haben das Wort Bachblüten noch nie gehört, sie essen Fleisch und trinken Kuhmilch, sie haben Plastikspielzeug, sie hatten als Baby manchmal keine Mütze auf, sie müssen mit Besteck essen, sie dürfen nicht mit Essen spielen, sie tragen beziehungsweise trugen Windeln aus Plastik, sie dürfen im Restaurant Fanta trinken ... (Hier bitte eine endlose Liste weiterer Sünden ergänzen.)

Und trotz allem nimmt mich meine Tochter in den Arm und sagt: «Du bist die beste Mama der Welt.» Und mein kleiner Sohn überhäuft mich mit Küssen. Und dann denke ich: «In your face, Internet. IN YOUR FACE, Elternforum!» Weil es den Kindern egal ist, was das Internet sagt, weil es ihnen egal ist, was Supermutti_Beate08 weiß. Ich lache mit meinen Kindern, nehme sie ernst, setze mich für sie ein, glaube an sie, lobe sie und ermutige sie. Ich tröste, höre zu, entschuldige mich, wenn ich etwas falsch gemacht habe, und gebe ihnen Sicherheit in einer aufregenden, großen Welt.

All das und meine große Liebe zu ihnen macht mich zur besten Mama der Welt. Für meine Kinder. Für wen auch sonst sollte ich es sein wollen?

HACH, IST DAS LECKER!
DER GROSSE PASTINAKENBLUES

In diesen ersten Lebensjahren orientieren sich Kinder bei der Ernährung maßgeblich an ihren Eltern.» Dieser Satz, liebe Freunde der ambitionierten Kindererziehung, ist eine Lüge. Lassen Sie es uns in die Welt hinausschreien! Wir schreiben es auf Plakate und sparen zusammen auf eine Doppelseite in der «FAZ». Die Welt muss die Wahrheit erfahren: Kinder essen, was sie wollen. Nicht, was Mama will, nicht, was Papa will, und erst recht nicht, was die Bundeszentrale für gesundheitliche Aufklärung will. Kinder orientieren sich ausschließlich daran, was ihnen ihr speckiges Bäuchlein sagt.

Ist das Kind mal so plus/minus sechs Monate alt, stellt sich die B-Frage. Da wird in Krabbelgruppen diskutiert und in Elternforen recherchiert: Welcher Brei darf als Erstes über Babys Lippen? Oma weiß es genau: «Karotte, das haben wir schon immer so gemacht.» *Vor-*

sicht! Tun Sie das nicht! Wagen Sie nicht, das Wort Karotte auch nur auszusprechen. Schreiben Sie das Wort Karotte auf keinen Fall ins Internet. Die Folgen wären fatal. Sie würden den Shitstorm Ihres Lebens ernten. Weil nämlich, und das weiß ja wirklich jeheeder, beim Kind selbst der Shitstorm aufgrund der Karotte ausbleiben wird. Karotten führen nämlich zu Verstopfungen. Wie? Das wussten Sie nicht? Tja. Ich zunächst auch nicht. Harsche Kritik schlug mir entgegen, als ich öffentlich in Erwägung zog, meinem Kind ein wohlschmeckendes Karottenbreichen zu servieren. Ich war ja so dumm. Der erste Brei müsse, und das wisse ja wirklich jeheeder, aus Zucchini bestehen, erfuhr ich. Außerdem müsse (!) man Brei selber kochen. Gute Mütter kaufen unter gar keinen Umständen einen industriell hergestellten Teufelsbrei. Nein, niemals! Für solche Personen ist kein Platz in der Krabbelgruppe. Mütter, die ihre Kinder aufrichtig lieben, kochen gefälligst den Brei selbst. Und Mütter, die nicht wollen, dass ihr Kind in der achten Klasse nur eine 3– in Mathe bekommt, dampfgaren den Brei.

Ich wollte nicht nur zweitklassig lieben, also erstand ich Biozucchini und Biobeikostöl im Reformhaus («Keine Butter! Um Himmels willen, weißt du denn gar nichts?»), bestellte einen Dampfgarer im Internet und verkaufte dafür meine linke Niere auf dem Schwarzmarkt. Ich dampfgarte von nun an also Pastinaken, Fenchel, rote Bete (ein rote Bete sabberndes Baby ist übrigens das Highlight bei jeder Halloweenparty) und Kartoffeln zu sämigem Brei, ließ mir vom Biometzger Tafelspitz in Gold aufwiegen und fühlte mich sehr, sehr mütterlich.

Relativ schnell ging diese unkomplizierte Breiphase jedoch vorbei. Sie befinden sich gerade darin und schreien jetzt entrüstet auf? Unkompliziert? Das Kind will den Brei nicht, der Brei landet an der Zimmerdecke, das Kind hat Verstopfung, Durchfall, roten Ausschlag? Ja, das mag alles sein. ABER: Das ist erst der Anfang. Es geht schlimmer. Alles davor erscheint einem rückwirkend durchaus als unkompliziert.

In der Realität geht es so weiter: Das Kind bekommt Zähne, der Magen gewöhnt sich an Nahrung, und ein Ritual wird von nun an aufgenommen, das sich «Familientisch» nennt. Nein, Sie müssen jetzt nicht Oma, Opa, Ihre acht Brüder und Großcousine Irmgard jeden Abend bei sich beherbergen. Dieses große Wort besagt lediglich, dass Ihr Kind die gleichen Dinge essen soll wie Sie (wenn die Nahrungsmittel kein Salz enthalten oder Zucker oder Umweltgifte oder Gluten oder nicht aus biologisch-ökologischer Landwirtschaft stammen ...). Hört sich super an, oder? Fand ich auch. Einfach ein kleines Portiönchen mehr kochen als gewohnt. Spitze. Endlich sollte das schöne Kapitel des gemeinsamen Essens beginnen, wo alle harmonisch, entspannt, bilderbuchhübsch beieinandersitzen, essen, sich vom Tag erzählen und milde lächeln, wenn das Kind mal aus Versehen etwas verkleckert. Ich hatte ein genaues Bild vor Augen. Ich bin nun mal ein Kind der Achtziger. Ich habe alles über Familien im Vorabendprogramm gelernt und war bereit, nun live zu erleben, was das Fernsehen mir vorgelebt hatte.

Ich bereitete also eine gesundes, biologisch einwandfreies und ausgewogenes Mahl zu, und das passierte: Das Kind futterte die Serviette. Sonst nichts. Hatte sich Franziska in «Ich heirate eine Familie» je so verhalten? Nein, nicht einmal Bommel, das Meerschweinchen, hätte das gewagt. Ich war verwirrt. Und irgendwie erschüttert. Das Kind sollte doch einfach nur das Gleiche essen wie ich. Ich, sein großes kulinarisches Vorbild. Sein Maßstab in Sachen Ernährung. Das hatte mir die Bundeszentrale für gesundheitliche Aufklärung doch so versprochen!

Es sollte nicht besser werden: Ich wurde als Vorbild weiterhin ignoriert, und das Kind aß, was es gerne wollte. Zum Beispiel drei Tage am Stück nur Nudeln ohne Soße, die dann am vierten Tag voller Abscheu und mit der Unterstellung, man wolle das Kind vergiften, durch die Luft geschleudert wurden. Das ist ja auch so eine Sache: Kinder sind in ihren Vorlieben wahnsinnig sprunghaft. Was heute noch das absolute Lieblingsessen ist, kann morgen aus irrwitzigen Gründen abgelehnt werden. Wenn es nämlich draußen regnet, schmecken Kartoffeln anders als bei Sonnenschein. Das muss man ja erst mal wissen.

Ich war verzweifelt. Das Kind schnupperte, das Kind untersuchte, das Kind schob die Speisen mit der Gabel hin und her, schaute angewidert und aß nicht. Man riet mir, mit dem Kind gemeinsam zu kochen und es einzubeziehen in den wundervollen Prozess der Essenszubereitung. Ich kaufte mir also ein Kochbuch: «120 Gerichte, die jedes Kind mag». Wir setzten uns zusammen, und das Kind sollte anhand der lustigen Bilder aussuchen, was es essen mag. Das Ergebnis war lediglich die Erkenntnis, dass das Kind 120 Mal hintereinander «Nein» sagen kann. Das Kind verlangte nach Fleisch mit Ketchup oder Pommes mit Ketchup oder Nudeln mit Ketchup oder Ketchup mit Ketchup.

Ich schnitzte lustige Gemüsegesichter, lobte den Geschmack meines eigenen Essens über den grünen Klee und aß vorbildlich meinen Biofenchel. Das IHHH, BÄÄÄÄH und WÜRG erklang unbeeindruckt weiter. Dann versuchte ich es mit Täuschung, ich versteckte Gemüse in Hackfleischbällchen und raspelte Karotten unter Kartoffelbrei. Natürlich lachen Sie jetzt über meine Naivität, und natürlich haben Sie recht. Kinder sehen und riechen alles. Sie sind Gemüsespürhunde. Die Trüffelschweine der gesunden Ernährung.

So langsam begann ich mir Sorgen zu machen. Ich befürchtete Skorbut und Schlimmeres. Allerdings sah das Kind ganz gut aus. Die Augen leuchteten, die Haare glänzten, und das Bäuchlein war rund. Sollte die Dreijährige etwa anderswo gesund essen? Wurde ich betrogen? Das ließ mir keine Ruhe: «Sag mal, was gab es denn heute im Kindergarten zu essen?» «Gemüsetaler mit Vollkornreis und Karottensalat. Das hat super geschmeckt. Die Monika kocht immer so tolle Sachen.» BETRUG!, schrie jede Faser meines Körpers. Ich hatte dieses Kind schließlich gemacht, ich hatte ein Recht darauf, die Köchin seines Herzens zu sein. Was hat sie, was ich nicht habe?

Letztlich liegt die Antwort auf der Hand: Sie hat dreißig andere Kinder, die vom Spielen hungrig sind und essen. Da wird um das Thema Essen einfach nicht so ein Theater veranstaltet. Die Kinder haben Hunger, die Kinder essen, und dann schmeckt es plötzlich. Da diskutiert niemand, da sind keine erwartungsvollen Blicke, da spielt das Essen nicht die Hauptrolle. Und darin liegt auch schon das ganze Geheimnis.

Das hätte mir aber auch mal jemand früher sagen können.

TIMS MUDDER

Aber der Tim darf das auch.» Kaum ein Tag vergeht, ohne dass ich diesen Satz höre, und ich hasse jedes Wort daran. Tim darf immer alles. Tim darf 48 Marzipankartoffeln am Stück essen. Tim darf so lange aufbleiben, wie er will. Tim darf den ganzen Tag fernsehen. Tim darf ohne Zähneputzen ins Bett. Tim darf die Wände bemalen. Tim darf im Winter mit kurzen Hosen raus. Tim darf, darf, darf! Wer dieser offenbar völlig anarchistische Tim ist, fragen Sie? Keine Ahnung! Ich kenne keinen Tim. Also ich kenne ihn nicht persönlich, aber letztendlich kennen wir ihn doch alle. Klingt komisch, ist aber so. Tim taucht immer dann auf, wenn ich etwas verbiete. Manchmal heißt er auch Jan oder Lisa oder Marie. Auf jeden Fall ist seine oder ihre Mutter immer viel lieber als ich. Sie erlaubt viel mehr und schimpft auch nie. Tim-Jan-Lisa-Maries Mutter ist die Beste! Und das sagen die, die es wissen müssen: meine Kinder.

Bestimmt kennen Sie Tim und seine Mutter auch. Und bestimmt müssen Sie sich an dieser Mutter Teresa auch ständig messen lassen. Meist fängt es schon in der Schwangerschaft an. Ja, schon da, auch wenn das Kind noch gar nicht sprechen und einem vorwurfsvoll den verhassten Satz entgegenschreien kann. Tims Mutter erzählt Ihnen nämlich garantiert im Wartezimmer des Frauenarztes mit stolz geschwelltem Bauch, dass sie Föten-Timmy jeden Abend eine Stunde lang mit Musik von Mozart beschallt. Föten-Timmy soll schließlich mal ein superschlaues Kerlchen werden, und jeder wisse ja, dass Mozart auf Ungeborene eine intelligenzsteigernde Wirkung hat. Und da hören Sie es. Das anklagende Stimmchen Ihres Fötus:

«Und DU schaust mit mir immer nur *Gute Zeiten, Schlechte Zeiten*. Ich will Mozart. Ich will intelligent werden. TIM DARF DAS AUCH!»

Außerdem hat Tims Mutter für das Baby natürlich nur die beste Ausstattung gekauft. Vom Kinderwagen bis zu den Mützchen, alles top Ware. Jedes dieser Teile hat Auszeichnungen gewonnen. Nichts da Secondhand oder Flohmarkt. Das Beste ist gerade mal gut genug für Tim. Supermutti ist auch bereits im dritten Monat ihrer Schwangerschaft perfekt auf die Geburt vorbereitet. Sie hat alle Bücher gelesen, die zu diesem Thema je geschrieben wurden, und bereits mehrere Kurse besucht.

Sie wird Tim schließlich nach exakt vierzig Schwangerschaftswochen sanft aus ihrem Unterleib atmen. Natürlich in der heimischen Badewanne. Dabei wird sie wunderschön aussehen und friedlich lächeln. Sie hingegen winden sich schreiend und aufs Übelste fluchend in irgendeinem städtischen Krankenhaus, während der Kindsvater schon wieder auf dem Heimweg ist, weil Sie die Kliniktasche mit den gebrauchten Stramplern im Eifer des Gefechtes natürlich zu Hause vergessen haben. Ihr Baby wird Sie das erste Mal mit Erbrochenem im Haar, verlaufener Wimperntusche und Ihrem alten Abi-99-T-Shirt sehen, während Tim seine in Rohseide gehüllte, taufrische und nach Veilchen duftende Mutter begrüßen darf.

Und so geht es immer weiter: Tims Mutter hat zwei Wochen nach der Geburt bereits ihre perfekte Figur wieder. Natürlich hat sie schon mit der Rückbildungsgymnastik angefangen und kann stolz davon berichten, wie toll Timmy durchschläft und wie entzückend alles ist. Sie selbst haben seit Tagen weder geduscht noch richtig gegessen und Ihr wabbeliger Bauch verdeckt noch immer den Blick auf Ihre unmanikürten Zehen. Ihr Baby trägt den zweiten Tag hintereinander den Flohmarktstrampler mit den Flecken, weil Sie es nicht schaffen, neben dem ganzen Babychaos auch noch Wäsche zu waschen. Tim hingegen wird dreimal täglich umgezogen und trägt seinen neuen Baumwollseidegemisch-Dreiteiler voller Stolz. Und da hören Sie es wieder, es schwingt mit in dem Brabrabra und Quäkquäk Ihres Babys: «Aber Tim darf das auch.» Tim darf Seide, Tim darf neu, aber vor allem darf Tim eine wunderschöne, völlig entspannte Mutter haben, die alles fest im Griff hat.

Tim wird es von nun an immer etwas besser haben als Ihr Kind, und er wird auch besser sein. Windelfrei war er bereits von Anfang an. Durch ein Augenzwinkern kann er seiner Mutter mitteilen, wann es Zeit für einen Toilettengang ist, und wird dann sofort übers vergoldete Töpfchen gehalten. Mit einem Jahr lernt er Stepptanzen und Chinesisch, um sich damit hervorragend auf seine vorausgeplante Karriere im asiatischen Spitzenmanagement vorzubereiten. Im Kindergarten ist er der Star und verdreht den Erzieherinnen durch seine zurückhaltende Höflichkeit und seinen eleganten Charme den Kopf. Tims Mutter ist natürlich im Vorstand des Elternbeirates und backt die köstlichsten Motivtorten zu jeder Feier. Sie hingegen kaufen kurz vor knapp noch schnell Muffins beim Discounter, die Ihr Sprössling dann vor den Augen aller anleckt, um sie als seine zu markieren. Zum Glück achtet darauf aber niemand, weil alle Tim beim Stepptanzen bejubeln.

Alle lieben Tim und seine bezaubernde Mutter. Aber Tims Mutter ist nicht nur bezaubernd, sie ist auch überaus großzügig und unwahrscheinlich reich. Tim bekommt alles, was sein Herz begehrt. Dazu braucht es nicht mal einen besonderen Anlass. Tim möchte das neueste Playmobil-Spielzeug. Tim bekommt es. Tim hat Lust auf Süßigkeiten bis zum Erbrechen. Soll er haben. Tim möchte täglich ins Kino. Gerne. Dem kleinen Goldschatz soll es schließlich an nichts fehlen. Kein Wunsch wird Tim verwehrt.

Sie wiederum verwehren täglich an die tausend Wünsche. Geschenke gibt es zu besonderen Anlässen. In Maßen, nicht in Massen. Süßigkeiten werden portioniert, und die meisten Bitten Ihres Kindes müssen Sie aus Sicherheitsgründen oder Angst um Ihr Inventar abschlagen. Und in diesen Momenten trifft Sie das zornige «Aber Tim darf das auch» wie ein Schlag ins Gesicht. Es tut weh, weil es Sie abwertet. Ihre Bemühungen, Ihre Arbeit, alles, was Sie tun, schmälert und Sie in den Schatten von Tims Mutter stellt.

Doch damit ist jetzt Schluss! Lassen Sie das nicht mehr zu. Lassen Sie sich nicht von einem Phantom einschüchtern. Ich werde das auch nicht mehr tun. Schnappen wir uns Mistgabeln und Fackeln und treiben diesen Geist aus der Stadt.

Kinder brauchen echte Eltern. Menschen aus Fleisch und Blut mit Gefühlen und Launen. Unsere Kinder brauchen UNS! Genau so, wie wir sind. Mit unseren

Ecken und Kanten, unserem Lachen, unserem Weinen, unserem Chaos und unserem täglichen Wahnsinn. Nur wir können unseren Kindern geben, was sie von Tims Mutter nicht bekommen können, etwas, das wertvoller und wichtiger ist als alle Geschenke und Süßigkeiten der Welt: unsere Liebe.

ACHTUNG, MANGELWARE: SOCIAL SKILLS BEI KLEINKINDERN

EIN HAUSTIER NAMENS WUTIGEL

Habe ich Ihnen schon von unserem Haustier erzählt? Es ist uns zugelaufen. Ich habe es wirklich nicht angelockt oder so. Aber ich kenne es noch. Aus meiner Kindheit. Da hat es in meinem Bauch gewohnt. Und jetzt hat dieses Haustier es sich in den Bäuchen meiner Kinder gemütlich gemacht. Da liegt es, zusammengerollt und niedlich, voller lustiger Stacheln. Doch lassen Sie sich nicht von seiner Putzigkeit täuschen, es ist jederzeit zum Kampf bereit und nimmt dabei keine Rücksicht auf Zeit und Ort. Vor allem aber nimmt es jeden Anlass, seine Stacheln einzusetzen, dankbar an: der Wutigel.

Beinahe täglich stürze ich mich mit den Kindern in das Vergnügen des Supermarktbesuchs. Ein durchschnittlicher Supermarkt führt 1500 Produkte. Das sind also 1500 potenzielle Gründe für ein Kleinkind, auszurasten. Und dabei handelt es sich nur um die angebotenen Waren. Waren, die das Kind unbedingt will oder unbedingt nicht will, die angeschaut, ausprobiert, aufgegessen oder ausgespuckt werden wollen. Sofort und auf der Stelle. Völlig klar: Wenn das Kind den Joghurt gleich essen will, dann bietet man als gute Mutter natürlich Zeige- und Mittelfinger als Löffel an.

Oder man ist wie ich, verweigert es, menschliches Besteck zu sein, und schaut zu, wie sich das Kind kreischend vor Wut über den Boden rollt. Da stehe ich dann also und träume vom zufällig vorbeilaufenden Castingdirektor, der jemanden für die Rolle des besessenen Kindes in der Neuauflage des Exorzisten sucht. Meist vergeblich. Dafür bekomme ich Blicke anderer Kunden, die irgendwo zwischen Mitleid und Abscheu einzuordnen sind. Und an einem richtig schlechten Tag – dem Freitag, dem 13. im Wutkalender – mischt sich Hilde Müller ein. Vielleicht heißt sie auch nicht Hilde Müller, vielleicht heißt sie Erna Schmidt oder Anneliese Schneider. Aber ich denke, Sie haben ein Bild vor Augen: Hilde Müller ist plus/minus 70 Jahre alt, von Kopf bis Fuß in Beige gekleidet und hilft, wo sie kann. «Was hat es denn? Hat es Hunger? Bestimmt ist es müde! Wann geht es denn abends ins Bett? Jetzt kaufen Sie dem armen Bobbele doch das Messerset ...»

In diesen Momenten bedarf es der Selbstbeherrschung eines tibetanischen Schweigemönchs: Schließen Sie die Augen, atmen Sie ein, atmen Sie aus, wie-

120

derholen Sie das immer wieder, und denken Sie dabei ans Meer. Nach etwa fünfzehn Minuten hat sich die Situation dann meist entspannt, und mit etwas Glück haben Sie bis dahin auch nicht die Männer mit den weißen Westen abgeholt.

Aber der Supermarkt ist natürlich nur ein Lockmittel von vielen für den Wutigel. Es gibt Trilliarden weitere. Seien Sie auf der Hut: Der Wutigel ist schnell und wachsam. Bereits die kleinste falsche Bewegung lässt ihn aufschrecken. Dabei lässt er sich auch nicht in die Karten schauen. Sie können ihm nicht trauen. Was ihn heute noch kalt lässt, kann ihn morgen schon die Stacheln spitzen lassen. Versuchen Sie gar nicht erst, taktisch zu handeln, denn SIE KÖNNEN NUR VERLIEREN.

Stellen Sie sich folgendes Szenario vor: Das circa dreijährige Kind fordert eine Apfelschorle. Natürlich ist es gerade ein schlechter Moment, weil Sie zum Beispiel auf der Toilette sind oder ein wichtiges Telefonat mit dem amerikanischen Präsidenten führen, in dem es um nichts Geringeres als die Zukunft der Menschheit geht. Um den Wutigel aber nicht zu reizen, lassen Sie sofort alles stehen und liegen und eilen dem Kind zu Dienste. Sie schütten also Apfelsaft und danach Wasser … HALT! RENNEN SIE WEG! DER HÖLLENSCHLUND ÖFFNET SICH. Die Reihenfolge! Es ist die falsche Reihenfolge! Das Kind tobt, kreischt, schreit und windet sich ob Ihres fatalen Fehlers. Denn natürlich muss zuerst das Wasser und dann erst der Apfelsaft ins Glas. Was? Das wussten Sie nicht? Ja, können Sie ja auch nicht. Die richtige Reihenfolge ändert sich immer wieder. Und die Regeln macht ganz allein der Wutigel. Er wird sie Ihnen aber nicht sagen. Er wird Ihnen auch nicht sagen, ob Sie heute gefahrlos das Brot in zwei Hälften schneiden, den roten Pulli auswählen oder das Kopfkissen im Kinderbett aufschütteln dürfen.

Anfangs dachte ich, ich könnte den Wutigel verscheuchen. Das ist natürlich Quatsch. Der Wutigel ist ein wahnsinniger Dickkopf. Wenn Sie mit ihm schimpfen, ihm drohen oder ihn zwangsräumen wollen, dann wird er stärker. Lassen Sie das besser. In manchen Momenten lässt er sich bestechen, da kann ein Gummibärchen ihn zum Rückzug überreden. Aber wissen Sie, wie ich den Wutigel am besten entwaffne? Durch Kuscheln. Genau, ich halte das Kind, das ja die Behausung des Wutigels ist, so lange im Arm, bis der Wutigel ganz friedlich in seinem Nest einschläft. Dazu noch ein kleines Lied oder ein paar sanfte Worte, und der Wutigel wird zum niedlichen Schmusekätzchen.

Seit der Wutigel sich sein Nest in den Bäuchen meiner Kinder gebaut hat, erinnere ich mich wieder sehr deutlich an meinen eigenen Wutigel. Ich hatte mir damals, vor über dreißig Jahren, einen ziemlich großen, ziemlich zornigen eingefangen. Er hatte eine Macht über mich, die ich gar nicht richtig steuern konnte. Er überfiel mich und löste eine Wut aus, aus der ich ohne die Hilfe von Erwachsenen kaum rauskam. Ich stand diesen wahnsinnigen Emotionen völlig hilflos gegenüber. Vielleicht habe ich deswegen auch viel Verständnis mit meinen Kindern, wenn der Wutigel sie besonders plagt. Und nein, das ist nicht immer leicht. Ich bin auch nur ein Mensch, und der Wutigel ärgert mich bisweilen sehr. Aber tatsächlich richtet Liebe gegen den Wutigel mehr aus als Strafe.

Bei Ihnen ist das alles ganz anders? Ja, bestimmt sogar. Das ist gut so. Jedes Kind, jeder Mensch ist individuell. Daher bin ich auch kein Fan von Erziehungsratgebern. Ich denke, jeder sollte seinen persönlichen Weg finden. Holen Sie sich Rat, aber hoffen Sie nicht auf eine Pauschallösung nach dem Motto «Fünf Wege aus der Trotzphase».

Überhaupt finde ich das Wort «Trotzphase» doof. Richtig doof sogar. Es ist so negativ behaftet. Als ob Trotz etwas Schlechtes sei. Etwas, das schnell vorübergehen soll. Wikipedia sagt, Trotz sei ein Verhalten des Widerstandes. Das hört sich doch toll an, oder? Stark und unabhängig. Und ist es nicht das, was wir uns für unsere Kinder wünschen: dass sie stark und unabhängig werden?

Begleiten wir sie also da durch. Und wenn es mal ganz schlimm wird: ans Meer denken und weiteratmen.

MINIMENSCHTORNADO

Wissen Sie, worüber ich stundenlang lachen kann? Filmaufnahmen von Häusern und Wohnungen, in denen Familien mit Kindern leben. Oder besser gesagt: angeblich leben. Denn dass da jemand lebt, halte ich für unglaubwürdiger als die Behauptung von Männern, den Playboy nur wegen der interessanten Artikel zu lesen. Haben Sie jemals in einem Windelwerbespot Legosteine rumliegen sehen? Oder dreckige Wäsche, angeknabberte Äpfel, Papierschnipsel und benutze Taschentücher? Ich auch nicht.

Es ist doch so: Sie haben dieses hübsche Heim. Alles hat seinen Platz. Mit Bedacht dekorierte Unnötigkeiten sorgen für Gemütlichkeit, und die «Schöner Wohnen»-Fotografen liegen hinterm Vorhang auf der Lauer. Bis dieser eine besondere Tag kommt: der Tag des Einzugs. Seines Einzugs. Ihres Einzugs. Des Einzugs des Babys, also known as «der Zerstörer». Und wenn Sie jetzt glauben, so durchschnittlich 3500 Gramm können ja wohl nicht viel Dreck machen, dann irren Sie gewaltig. Zugegeben, Säuglingen kann man nicht gerade vorwerfen, mit matschigen Gummistiefeln durchs Haus zu latschen, aber sie haben eine unübertroffene Schmutzverursachungsquelle: ihren Magen. Dieser putzige kleine Magen ist nämlich noch nicht geübt in Nahrungsverarbeitung und Ausscheidung, und so kommt es des Öfteren zu großen und kleinen Pannen. Im Klartext heißt das: Babykotze auf dem Wildledersofa, dem Flokati und der Rohseidenbettwäsche.

Aber so ein Baby ist nicht nur oben undicht, nein, auch unten passieren derartige Unfälle. Meine Kinder waren Meister darin, sofort die Pipi-Kacka-Produktion anzukurbeln, sobald die Windel geöffnet wurde. Tja, das war es dann mit der liebevoll ausgesuchten Kinderzimmertapete, und auch das Weiß der Wickelkommode verwandelte sich bald in ein weniger schönes beige. Man kann sich ja vorher gar nicht vorstellen, wie weit solch kleine Wesen ... Nun ja, lassen wir die Details besser beiseite.

Richtig schlimm wird es aber erst, wenn sich eine mobile Lage entwickelt. Das Kind krabbelt, robbt oder läuft durch die Ihnen heiligen Hallen. Ab jetzt heißt es, starke Nerven zu bewahren und eine gute Hausratversicherung zu haben, die auch den Fall «Naturkatastrophe» abdeckt. Denn genau das rollt auf Ihre Wohnung zu. Eine Babylawine. Ein Kleinkindhurrikan. Ein Minimenschtornado. Alles, was in greifbarer Nähe des Kindes ist, wird untersucht, herausgezogen und rumgeworfen. Bücher werden zerrissen und mit Speichel eingeweicht, Tischdecken werden mitsamt Gedeck vom Tisch gerissen, Grünpflanzen werden gegessen, und mit ihrer Erde und Sabber wird «Der Schrei» von Edvard Munch an die Wand gemalt. Apropos gemalt: LASSEN SIE NIE, NIE, NIE STIFTE UNBEAUFSICHTIGT LIEGEN! Es sei denn, Sie stehen auf abstrakte Kunst, dann legen Sie noch Fingerfarben dazu, und nach einer Woche haben Sie Ihr eigenes kleines Atelier.

Seit ich Kinder habe, habe ich auch ein völlig neues Verhältnis zu physikalischen und mathematischen Gesetzen. Anfangs reagierte ich entsetzt und verwirrt auf die Tatsache, dass ein verschüttetes 0,25-Liter-Glas Apfelsaftschorle eine Pfütze von 30 Litern Flüssigkeit ergibt, mittlerweile wische ich einfach, ohne weiteres Nachdenken, auf. Auch fand ich es höchst seltsam, dass unser kleiner Sandkasten im Garten dafür sorgt, dass die Kinder in ihren Hosenaufschlägen die komplette Wüste Sahara mit ins Haus bringen. Aber jetzt genieße ich den Sand unter den Füßen, stelle mir vor, ich sei in der Karibik und die laufende Waschmaschine sei das Meeresrauschen.

Und die Waschmaschine läuft immer. Glauben Sie

nicht, dass ein Kind ein Kleidungsstück zwei Tage nacheinander anziehen kann. Ich bin schon froh, wenn es wenigstens den Vormittag ohne größere, der Umwelt nicht zumutbare Verschmutzungen durchhält. Auch Winterjacken, Matschhosen, Mützen und Handschuhe müssen mindestens wöchentlich gewaschen werden. Regenpfützen, Schlamm und Dreck ziehen Kinder nämlich magisch an. Und es bleibt nicht beim Anschauen. Die Mäuschen werden zu Schweinchen und suhlen sich im braunen Glück. Legen Sie sich also am besten auch noch einen Trockner zu.

Erledigen Sie die Wäsche, bevor sie Sie erledigt, und beten Sie, dass sich kein Magen-Darm-Virus in Ihrem Kind einnistet. In solch einem Fall nehmen Sie nämlich am besten vollgekotzte Bettwäsche, Handtücher und Kleidungsstücke und verbrennen Sie diese mit diabolischem Lachen und unter Aufführung eines schamanischen Tanzes auf dem örtlichen Marktplatz.

Ein weiterer Krisenherd ist die Nahrungsaufnahme. Die Speisen gelangen nämlich zu 70 Prozent nicht in den Mund. Sie landen auf Kind, Kleidung oder Fußboden. Mit dem, was während des Essens unter den Tisch purzelt, könnte ich locker noch eine vierköpfige Familie mit durchfüttern. Seien Sie froh, wenn Ihr Kind noch im Krabbelalter ist. Dann wird es die Reste finden und essen. Das Kind ist beschäftigt und der Fußboden sauber. Win-win-Situation. Da meine Kinder leider nicht mehr krabbeln, liebäugle ich immer wieder mit der Anschaffung eines Hausschweins.

Aber Kinder verursachen nicht nur hauseigenen Schmutz, sie bringen auch noch welchen mit. An Händen und Füßen, die an Tapeten und Teppiche gedrückt werden, an Mündern, die Glasscheiben küssen, und in Form von allerlei Schätzen, die sie draußen auflesen. Mittlerweile besitzen wir eine beträchtliche Sammlung leerer Schneckenhäuser, Steine, Stöcke, Laub, Plastikteilchen, weggeworfener Papierchen, Kastanien, Haselnüssen und Tannenzapfen. Und unter gar keinen Umständen darf davon etwas entsorgt werden. Alles kann irgendwann noch für irgendwas gebraucht werden. Genauso wie leere Klorollen und Pappkartons nebst Verpackungsmaterial: «Daraus will ich mal etwas basteln, Mama» – was natürlich nie getan wird.

Werfen Sie Derartiges also nur heimlich weg, nachts, mit Tarnumhang bekleidet, und wenn das Kind fragt, dann leugnen Sie. Und das Kind wird fragen. Kinder erinnern sich immer. Wer hat noch nicht den Satz «Wo ist denn das Plastiknupsi, das ich letzten Sommer neben dem Mülleimer auf dem Rastplatz XY gefunden habe?» gehört? Geben Sie sich unbedingt ahnungslos und helfen Sie bei der Suche nach dem benötigten Schatz. Es ist nur zu Ihrem Besten.

Letztlich werden Sie dem Chaos am ehesten Herr, indem Sie sich mit ihm anfreunden. Winken Sie den Handabdrücken an der Fensterscheibe fröhlich zu, malen Sie den in den Boden eingetretenen Knetflecken lustige Gesichter auf, und finden Sie einen fähigen Chirurgen, der Ihnen den Staubsaugerschlauch an die rechte Hand und den Wischlappen an den linken Fuß operiert.

YOU CAN KEEP YOUR CAP ON (WENN SIE KEINE BÄRCHENOHREN HAT)

Kinder kommen ja bekanntermaßen nackt zur Welt. Okay, manche haben ein lustiges Fruchtblasenmäntelchen an, aber das wird von der Allgemeinheit nicht unbedingt als Bekleidung anerkannt. Also, einigen wir uns auf nackt. Und in diesem «nackt» liegt das Problem, das Sie die nächsten Jahre begleiten wird. Viele Jahre. Lange Jahre.

Aufgrund der hiesigen Witterungsverhältnisse und der gesellschaftlichen Konventionen wird so ein Baby meist kurz nach der Geburt bekleidet. Oft noch durch die Hebamme im Kreißsaal. Aber danach sind Sie dran. Gefühlt für immer. Schon lange vor der Geburt des Babys habe ich angefangen, mich mit der Bekleidungsfrage zu beschäftigen. Laut Internet braucht man eine enorme Anzahl von Bodys, Stramplern, Strumpfhosen, Söckchen, Mützen, Jacken, Hosen, Handschuhen … Puh! Aber auch: juhu! Babysachen shoppen ist doch eines der besten Dinge in der Schwangerschaft. Also zumindest besser als Verstopfung und Senkwehen.

Aber jetzt mal im Ernst. Ich fand es gar nicht so einfach, Kleidung fürs Baby zu kaufen. Aus geschmacklichen Gründen. Warum bitte haben denn so viele Jäckchen an ihren Kapuzen Ohren? Also so Bärchenohren? Ich beabsichtigte doch, ein Kind ohne Ohren auf dem Oberkopf zu gebären. Ich wollte ein Baby, nicht Pu den Bären. Auch ein Puschelschwänzchen am Popo kam überhaupt nicht in die Tüte. In meiner Familie hatte noch keiner Probleme mit einem verlängerten Steißbein. Was soll der Quatsch also? Zumal noch nie ein drei Tage alter Säugling mit mir eine Verkleidungsparty machen wollte. Wenn sich dreijährige Kinder als Bären verkleiden wollen, dann bitte schön. Das ist lustig und pädagogisch wichtig. Und auch der übermäßige Gebrauch von Rüschen, Aufdrucken, Knallfarben und Verzierungen aller Art bereitete mir eher Sodbrennen als Entzückung. Es gilt doch, ein Baby anzukleiden, keine modisch verwirrte, farbenblinde Puppe.

Nach längerer Suche fand ich dann aber glücklicherweise doch noch hübsche Kleidung fürs Baby und war nicht gezwungen, auf die Schnelle noch den Kurs «Babystrampler selber häkeln» zu besuchen. Aber als das Baby da war, begann der komplizierte Teil: Das Baby musste in die Kleidung. Hört sich leicht an. Isses aber nicht. Säuglinge verhalten sich beim Anziehen wenig kooperativ. Es gilt, schlaffe kleine Gliedmaßen durch Miniärmel und Minibeinchen zu fädeln, von der ständigen Panik begleitet, man könnte ein Fingerchen dabei abbrechen. Aber wenigstens wehren kleine Babys sich noch nicht. Das kommt erst einige Monate später. Da wollen diese kleinen Rollmöpse nämlich absolut nicht mehr gechillt liegen bleiben, bis alles verpackt ist. Da wird gerollt, gestrampelt und geschrien, und Sie wünschten sich, zur Erholung mal einen dreißigarmigen Kraken anziehen zu dürfen. Und weil Babys die größten Dreckspatzen auf dieser Erde sind, macht man diesen Krakenkampf mehrmals am Tag.

Wer in den Wintermonaten ein Kind bekommt, dem bleibt eigentlich nur noch übrig, den hübschen Schlüpfer anzuziehen und «Push it» von Salt-N-Pepa aufzulegen. Da hat man es nämlich doppelt schwer aufgrund der zahlreichen Kleidungslagen, die es braucht, da hilft nur, sich selbst gute Laune aufzuzwingen. So ein Sommerbaby hat einen enormen Vorteil: weniger Kleidung anzuziehen. Das ist für Anfänger das perfekte Level. Die Schwierigkeitslevel liegen bekanntlich bei «Puh, anstrengend» (Sommer), «Ich drehe noch vollkommen durch, warum hat das Kind denn kein Fell, und können wir es nicht einfach in achtzig Decken wickeln?» (Winter).

Glauben Sie es mir, der Winter ist Ihr Feind. Ich würde ja sehr gerne mal mit den Verantwortlichen für die Herstellung von Fingerhandschuhen für ein- bis dreijährige Kinder sprechen. Was denken sich diese Menschen denn bitte schön?! Bis ich alle zehn Finger meines zweijährigen Sohnes da reingewurschtelt habe, ist schon wieder Sommer. Aber auch Fäustlinge haben so ihre Tücken. Sie verleihen nämlich die Feinmotorik eines Nilpferds und werden deshalb schneller im Sand verbuddelt, als man «NEIHEIN!!» schreien kann.

Sie sehen schon, es ist schwierig. Aber es sind ja nicht nur die Handschuhe. Beinchen müssen in Strumpfhosen gefädelt und Füßchen in Stiefel gequetscht werden. Außerdem müssen Sie alle paar Minuten den «Die Mütze bleibt auf dem Kopf»-Song anstimmen. Und wenn Sie das Kind endlich ausgehfertig angezogen haben, passiert das Unausweichliche: Der unverkennbare Duft einer vollen Windel weht Ihnen in die Nase. Das sorgt doch für Stimmung! Sie müssen zurück auf Los und noch mal von vorne anfangen. Mittlerweile ist es aber dunkel, es regnet und Sie wollen gar nicht mehr raus. Ein großer Spaß für Groß und Klein. Und genau aus diesem Grund sollte der Mensch Winterschlaf halten. Im Oktober horten wir dann Vorräte und legen uns ins Bett, um von dort im Mai leichtbekleidet wieder aufzustehen. Leider hört ja nie einer auf mich.

Die Kinder werden größer und die Angst vor gebrochenen Gliedmaßen während des Ankleidevorgangs wird kleiner. Jetzt warten nämlich neue Probleme auf Sie: Das Kind entwickelt einen eigenen Modegeschmack. Einen ganz eigenen Modegeschmack. Natürlich sollte man Kindern die Möglichkeit lassen, sich selbst zu finden und zu experimentieren. Aber muss es denn unbedingt ein «Frozen»-T-Shirt, kombiniert mit Katzenleggins und «Bob der Baumeister»-Helm sein? Auf der Hochzeit der Tante?

Kürzlich ging ich mit meiner vierjährigen Tochter ins Einkaufszentrum, um sie selber aussuchen zu lassen. TUN SIE DAS NICHT! Fürchterliche Szenen spielten sich ab, nachdem ich mich weigerte, Stöckelschuhe in Größe 30 mit Eisköniginnenmotiv zu erwerben. Auch den Kauf von Skinnyjeans mit zerfetzten Knien lehnte ich ab. Meine Tochter soll sich mal schön ihre Hose selber kaputt machen.

Und natürlich sollen die Klamotten nicht nur einigermaßen erträglich fürs elterliche Auge sein, nein, sie müssen auch praktisch sein. Praktisch zum Spielen und Toben, aber auch praktisch zum Anziehen. Denn ich verlange von meiner fast fünfjährigen Tochter, dass sie das selber tut. Also in der Theorie. Und da treffen wir wieder auf die verschiedenen Level. Sich im Sommer ein Kleid überzuwerfen, gelingt dem Kind tatsächlich ganz gut (nach drölfzigfacher Aufforderung). Aber im Winter muss es einer ganzen Kompanie Kleidungsstücke Herr werden. Meist scheitert sie dann schon an der Strumpfhose. Und soll ich Ihnen was sagen? Ich verstehe das total. Selbst ich schaffe es kaum, mir morgens müde eine Strumpfhose anzuziehen, ohne dreimal auf dem Popo zu landen.

Also ziehe ich im Winter das Zwanzig-Kilo-Mädchen an, das sich dabei gerne totstellt und jede Mithilfe verweigert. Aber hey, das ist eben mein täglicher Sport.

Machen wir es also wie immer: Sehen wir es positiv. Lassen Sie Ihre Kinder ruhig glücklich werden mit ihren «Bob der Baumeister»-Helmen und «Prinzessin Lillifee»-Puschelhausschuhen: Es sind ja nicht Sie, die sich in fünfzehn Jahren fürchterlich für Ihr Outfit auf den Kinderfotos schämt.

MAMA, KÖNNEN WIR DEN WIEDER UMTAUSCHEN? GESCHWISTERLIEBE IST EIN DEHNBARER BEGRIFF

Mach ganz schnell noch ein zweites Kind. Die beiden können dann so schön miteinander spielen.»

Das riet man mir direkt wenige Tage nach der Geburt meiner Tochter. Und weil das so vernünftig klang, machte ich das auch. All diesen ratgebenden Menschen möchte ich jetzt, Jahre später, gerne das zurufen: «DANKE FÜR NICHTS, IHR ARSCHGEIGEN!» Zwei Kinder zu haben bedeutet in meinem Fall nämlich vor allem eines: Krieg in seiner schlimmsten familiären Ausprägung. DER GESCHWISTERKRIEG!

Kinder bereichern das Leben. Dieser Meinung bin ich durchaus. Je mehr Kinder, umso mehr Bereicherung. Ich finde nur, die Art der Bereicherung wird gerne missverstanden. Bereicherung bedeutet eben nicht nur mehr Liebe, Glück und Stolz – obwohl das zweifelsohne eine supertolle und enorme Form der Bereicherung darstellt. Diese Bereicherung bedeutet aber auch ein Mehr an Schmutz, Lärm, Verantwortung, Stress und Arbeit. Und gleichzeitig ein Baby und ein Kleinkind zu haben verdoppelt den Stress und die Arbeit nicht nur, nein, wir sprechen hier von einer gefühlten Verhundertfachung. Ich weiß ja nicht, wie das in anderen Familien ist, aber hier spielten Baby und Kleinkind nicht friedlich miteinander, während ich auf der Couch ein kleines Nickerchen machte. Vielmehr trank das Baby 24/7 meine Brüste leer, und das Kleinkind nutzte diese hilflose Lage von Mama, um voller Wissensdrang herauszufinden, wie viele Klorollen man in eine Toilette stopfen kann. Es sind übrigens acht, und ein Klempner nimmt am Wochenende 130 Prozent Aufschlag für sein Honorar.

Kennen Sie diese Momente voller Glitzer und Glück, wenn das große Kind liebevoll das Baby anlächelt? Wenn es das kleine Würmchen beseelt vom Geschwisterstolz in seinen speckigen Armen hält? Ich nicht. Die große Schwester hatte nämlich ihre eigene Art, mit dem Neuankömmling umzugehen. Ich war auf Liebe oder Hass vorbereitet. Womit ich nicht gerechnet habe, war die völlige Ignoranz. Meine Tochter schaute durch ihren Bruder hindurch, als sei er Luft. Sie wollte ihn nicht küssen, streicheln oder halten. Sie wachte nicht auf, wenn er weinte. Sie war nicht genervt. Sie war nicht eifersüchtig. Sie war nicht stolz. Sie war nichts. Für sie war er einfach nicht da. Das war ziemlich eigenartig. Aber irgendwie auch praktisch. Ich musste weder verhindern, dass sie das Baby in einem Weidenkörbchen vor der nächsten Kirche aussetzte, noch bestand die Gefahr, dass sie ihn in die Bewusstlosigkeit knutschen würde. Lag er auf seiner Krabbeldecke, wurde er gezielt umrundet, und hatte er nächtliche Schreianfälle in Lautstärke eines Düsenjets, schlief sie friedlich weiter. So verlief das erste Jahr für die beiden Geschwister quasi völlig kontaktlos.

Doch dann kam der Zeitpunkt, ab dem der kleine Sohn diese Ignoranz nicht mehr länger zulassen wollte. Er interessierte sich nämlich durchaus für dieses andere Kind in seinem Leben. Also beschloss er, laufen zu lernen. Und er lief. Und zwar immer seiner Schwester nach. Kennen Sie diese Menschen, die an der Supermarktkasse so dicht hinter einem stehen, dass man ihren Atem im Nacken spüren kann? Dass fremdes Rumgeschnaufe hinter einem schwer zu ignorieren ist, versteht sich von selbst, und wenn der Schnaufer dann noch gutturale Laute von sich gibt und versucht, einen an den Haaren zu ziehen, dann kann selbst die Expertin in Sachen Ignoranz, meine Tochter, nicht mehr standhaft bleiben.

Er war tatsächlich da. So bekam sie also plötzlich und wahrhaft überraschend einen einjährigen Bruder. Jegliches Leugnen machte keinen Sinn mehr. Sie beschloss wohl: Dann soll er wenigstens nützlich für sie sein. Als Gemüseresteaufesser, als Sündenbock für vollgekritzelte Wände und als lebendige Anzieh- und Schminkpuppe, zum Beispiel. Zu blöd nur, dass so ein kleiner Junge seinen eigenen Kopf hat. Gemüsereste fand er «bäh», die vollgekritzelten Wände trugen eindeutig nicht seine Handschrift, und als Prinzessin Anna taugte er auch nicht. Er tanzte nicht mal korrekt zum *Frozen*-Soundtrack. Vielleicht war er wenigstens ein guter Spielkamerad? Tja, sagen wir es so, sie ergänzten sich nicht schlecht. Meine Tochter baute auf, mein Sohn zerstörte. Meine Tochter malte, mein Sohn zerriss. Meine Tochter sagte ja, mein Sohn sagte nein. Nach wenigen Tagen stand die Meinung der großen Schwester fest: «Mama, der ist blöd. Du hast den ganz falsch gemacht. Ich will einen anderen. Am besten eine Schwester. Wie bei Anna und Elsa.»

Meine Gebärmutter reagierte auf diese Kritik null und ließ sich in ihrem Prinzessinnenschlaf nicht stören. Meine Tochter musste also mit ihrem Olaf leben.

Nicht, dass irgendjemand nach meiner Meinung fragt, aber ich finde ja, dass Eltern mehrerer Kinder durchaus die offizielle Anerkennung als Diplomaten erhalten sollten. Zwischen unter einem Dach lebenden Kindern zu vermitteln, bedarf allerhöchstes Geschick. Nicht zu vergessen: Geduld und stahlharte Nerven. Außerdem ist man ununterbrochen im Dienst. Wenn es dafür keine Immunität und freies Parken in zweiter Reihe gibt – wofür dann?, frage ich. Manche Geschwister stehen zueinander wie Frankreich und Belgien. Das ist recht easy. Ab und zu ein paar freundliche Ermahnungen in beide Richtungen und ansonsten nett lächeln. Meine Kinder sind Nord- und Südkorea. Ich kämpfe also täglich ums Überleben und horte Vorräte. Waffenruheabkommen sind an der Tagesordnung. Um die Waffenruhe aufrechtzuerhalten, hilft es, jegliches Spielzeug in doppelter Ausführung zu haben. Na ja, und eigentlich alles, was sich im Haushalt befindet. Meine Kinder streiten nämlich wahllos. Wenn ihnen das Spielzeug, weil doppelt vorhanden, keinen Anlass mehr bietet, streiten sie eben um den Handrührer oder meine Autoschlüssel. Das Haus zu verlassen bringt leider auch nicht viel. Auf Spaziergängen streiten sie um Kieselsteine und Äste. Im Auto streiten sie über das Entertainmentprogramm aus dem Radio. Im Restaurant streiten sie um den besten Platz und darüber, wer die Apfelschorle am schönsten über den Tisch geschüttet hat, und auf dem Spielplatz streiten sie über jedes verdammte Sandkorn des Sandkastens.

Anfangs versuchte ich es noch mit konstruktiven Vermittlungsgesprächen. Ich schlug den Kindern vor, man könne sich ja mal abwechseln mit dem Lieblingsspielzeug (hahahaha!), appellierte an ihre Geschwisterliebe (doppelt hahahahaha!) oder ihre Vernunft (dreifach hahahahaha!). Mittlerweile setzte ich einfach meinen schallisolierten Kopfhörer auf und kontrolliere lediglich zwischendurch, ob beide noch leben.

Aber natürlich spielen meine Kinder zwischendurch auch mal. Nur halt nicht miteinander. Da hatte ich extra zwei von ihnen gemacht und sollte trotzdem ständig mitspielen. Mit beiden gleichzeitig. Bei völlig unterschiedlichen Spielen. Also spiele ich rechts Ritterburg und kämme links Barbies, während ich innerlich die Besserwisser, mit ihrem «lieb gemeinten» Rat zu zwei Kindern, die ja ach so toll miteinander spielen, verfluche.

Aber wie das Muttersein eben so ist: Glück und Anstrengung liegen nah beieinander. Und genauso oft (okay, öfter), wie ich die Besserwisser verfluche, will ich mich mit Pralinen, Blumen und tausend Küssen bei ihnen bedanken. Meine zwei Kinder sind das Beste, was mir passieren konnte. Zwei perfekte kleine Wesen. So unterschiedlich und doch so ähnlich. Ich liebe beide unbändig und absolut bedingungslos. Und manchmal, wenn sie denken, ich würde es nicht sehen, dann nimmt das eine das andere in den Arm, dann lachen sie sich mit diesem Glitzern in den Augen an, und ich weiß, die beiden sind ein super Team. Sie zeigen es nur nicht immer. Aber auch das wird kommen, ich weiß das. Denn irgendwann wird einem klar, was für ein Geschenk ein Bruder, eine Schwester ist. Was für ein Glück, nicht allein zu sein. Mit den Eltern. So vieles einfach ohne große Worte verstehen zu können. Außerdem kann man sich das Aufräumen teilen und die Schimpfe, weil man nicht aufgeräumt hat, auch.

Ach ja, und ganz manchmal spielen sie tatsächlich wunderbar miteinander. Zum Beispiel, wenn sie ins Bett gehen sollen, wir uns fürchterlich beeilen müssen oder das Haus brennt ...

ALLE JAHRE WIEDER: KALENDER-KAMIKAZE

EIN KINDERGEBURTSTAG
IST KEIN PONYHOF

Man bekommt ein Kind, und 365 Tage später passiert das erste Mal etwas, womit nun wirklich keiner rechnen konnte: Das Kind hat Geburtstag.

Ja, es kam unerwartet, dass dieser hilflose nackte Wurm, der eben noch aus meinem Bauch gekrochen kam, tatsächlich schon eine fidele Einjährige geworden war. Viel überraschender waren aber die Fragen anderer Menschen. Und wenn ich anderer Menschen sage, meine ich andere Mütter. Krabbelgruppenmütter. Was ich denn für den Kindergeburtstag geplant hätte? Und ob der Kuchen laktose- und glutenfrei sei, die Lea-Sophie müsse sonst ihr eigenes Gebäck mitbringen? Ob es einen Geburtstagstisch in einem Spielwarenladen gäbe, oder ob ich eine kleine Spende für die SOS-Kinderdörfer bevorzuge? Außerdem mache Maurice von 13:30 Uhr bis 15:00 Uhr seinen Mittagsschlaf, man könne erst danach kommen. Wenn

Maurice nämlich seinen Mittagsschlaf unterbrechen müsse, käme sein ganzer Biorhythmus durcheinander, und das wirke sich ausgesprochen ungünstig auf seine Chakren aus.

Aha.

Ich wollte kein Spielverderber sein. Das Kind (vor allem aber die Mütter aus der Krabbelgruppe) sollte(n) seine Party bekommen. Ich kaufte Papphütchen und Luftschlangen, backte Muffins und recherchierte, welche Partyspiele Einjährige mögen (gar keine). Dann war endlich der große Tag gekommen. Das frischgebackene einjährige Nicht-mehr-Baby wachte auf und schaute mich mit glasigen Augen und roten Wangen an. Glasige Augen? Rote Wangen? Genau, das Kind war krank. Und so sollte an diesem ersten Geburtstag der Kinderarzt der einzige Besucher des armen Glühwürmchens bleiben. Die Krabbelgruppenmütter waren sehr enttäuscht, die Muffins mussten natürlich trotzdem gegessen werden. Da opfert man sich als Mutter eben. Zwölfmal hintereinander.

Kindergeburtstag. Ein Wort, das ich nur noch leise und mit Bedacht ausspreche. Sagen Sie das Wort nie auf Veranstaltungen, auf denen viele Eltern anzutreffen sind. Massenpaniken können wirklich gefährlich sein. Es gibt Eltern, da setzt der animalische Fluchtinstinkt bereits bei Erwähnung des Wortes ein. Ein lautes «Kindergeburtstag» beendet einen Elternabend schneller als ein «Feuer»-Ruf.

Ich liebe meinen Geburtstag sehr. Obwohl ich die Dreißig bereits ein wenig (viel) überschritten habe, zähle ich bereits Wochen vorher die Tage und kann am Vorabend kaum einschlafen. Aber warum? Liegt es an meiner frühkindlichen Geburtstagsprägung? Da gab es Kuchen und Geschenke, Kerzen brannten und nachmittags kamen Freunde. Wir spielten Topfschlagen und Schokoladenwettessen, und auch die unsportlichsten Kinder sprangen beim Würstchen-von-der-Wäscheleine-Schnappen plötzlich olympische Höhen. Abends wurden Pommes oder Spaghetti gegessen, und um 18 Uhr gingen alle wieder heim. Ja, es war eine schöne, unschuldige Zeit.

Was hat sich nur geändert? Die Kinder sind es schon mal nicht. Kinder mögen immer noch die gleichen Spiele, Marmorkuchen und Pommes. Passen Sie auf, ich lehne mich jetzt ganz weit aus dem Fenster, und das, ohne einen Master in Soziologie zu haben: Die Eltern haben sich verändert. Ich habe extra nachgeschaut, und das Wort Kindergeburtstag ist noch immer kein Synonym für Wettbewerb. Dabei fühlt es sich doch genau so an. Ein Wer-ist-die-beste-Mutter-Wettbewerb mit der Sondereinlage Wer-liebt-sein-Kind-am-meisten.

Es beginnt bereits mit der Einladung zu dieser Veranstaltung. Hier flattern Einladungen ins Haus, die könnte man locker im «Museum of Modern Art» ausstellen. Offenbar sind die Dreijährigen in meinem Umfeld wahre Origamikünstler und Kalligrafiewunder. Die Einladungen sind so schön, ich möchte sie den Kindern gar nicht geben, sondern in einer extra für diesen Zweck aufgestellten Glasvitrine drapieren. Sie glauben, wenn ich mir etwas Zeit nehmen und mich mit meinen Kindern zusammensetzen würde, könnte ich das auch? Da muss ich Sie leider enttäuschen: Zum Geburtstag der Vierjährigen kaufte ich weiße Karten, die sie bemalen durfte. Das sah lustig aus und auch sehr schön, aber nicht Glasvitrinen-schön. Und das war völlig okay. Die Kinder wussten, wann sie wo hinkommen sollten – und das war schließlich das Wichtigste.

Und die eingeladenen Kinder kommen sehr verlässlich. Und jedes Mal ist ihre Anzahl nur durch hartes Verhandlungsgeschick in handhabbarem Maß zu halten. Ich finde ja diese «So alt wie du wirst, so viele Kinder darfst du einladen»-Regel ganz hübsch. Nicht so die Kinder. Weil, das geht natürlich nicht. Wenn Anna nicht eingeladen wird, dann kommt auch Mia nicht und außerdem … (Denken Sie sich hier einen viertelstündigen Monolog über Freundschaft und Feindschaft, Liebe und Hass, Wut und Tränen im Kindergartenalltag.) Es kommen also mehr Kinder, als das

Haus und meine Nerven ertragen können, und wenn die Kinder kleiner als vier Jahre alt sind, dann kommt noch mindestens ein Elternteil mit. Und bleibt. Jaha, die Eltern gehen nicht wieder nach Hause. Die Kinder trauen sich nämlich noch nicht, alleine da zu bleiben. Das verstehe ich sehr gut. Das gilt für meine Kinder gleichermaßen. Das Haus ist also voller Menschen, und man selbst wünscht sich bald nur noch, voller Schnaps zu sein.

Heutzutage müssen Kindergeburtstage ja aufgrund eines allgemein gültigen geheimen Gesetzes, das man mir leider noch nicht in anfechtbarer Version vorlegen konnte, ein Motto haben. Von den Servietten bis zum Kuchen muss dann alles zum Thema Dinosaurier, Prinzessin oder Ritter passen. Davon lebt mittlerweile ein ganzer Industriezweig, und das sehr gut. Wochenlang vor dem großen Tag müssen Sie also anfangen, Onlineshops nach ökologisch abbaubaren «Tyrannosaurus Rex»-Papptellern zu durchsuchen, oder verbringen Ihre Abende damit, eine große Ritter-Schatzsuche mit Burgbesichtigung und Greifvogelshow zu planen. Und das für acht Dreijährige und die dazugehörigen Eltern. Wenn es dann endlich so weit ist («Wie oft muss ich noch schlafen, wie oft, wie oft, wie oft???»), stehen Sie schlotternd in irgendeiner zugigen Burgruine herum, betend, dass die Greifvögel sich nicht mit ihren Krallen in Ihrer Frisur verfangen, lassen sich von fremden Müttern erzählen, wie wenig Aufwand es gewesen wäre, Servietten in Form von Bussarden und Adlern zu falten, und wünschen sich zurück in den Presswehen-Zustand am Tag der Geburt des kleinen Jubilars.

Das Wichtigste an einem Kindergeburtstag ist aber der Kuchen. So scheint es mir jedenfalls, wenn ich die WhatsApp-Profilbilder anderer Mütter so anschaue. Da sieht man meisterhafte Torten in Form von Polizeiautos, Prinzessinnenschlössern oder feuerspeienden Drachen. Ich meine, woher können die das? Haben die das damals im Geburtsvorbereitungskurs gelernt? Ich bin verwirrt, erstaunt und, ja, auch voller Anerkennung. Wenn ich eine besonders schöne Torte möchte, dann kaufe ich den «Benjamin Blümchen»-Kuchen aus der Tiefkühltruhe im Supermarkt. Ich finde das selber etwas armselig, aber ich kann das nicht besser. Meine Kuchen sehen aus wie Kuchen (wenn es gut läuft), und Torten kann ich gar nicht backen. Ich kann meinen Kindern auch keine niedlichen Cake Pops mit in den Kindergarten zur dortigen Geburtstagsfeier geben (ja, da wird auch noch einmal gefeiert). Ich backe zu diesem Anlass Muffins. Die sind braun. Vielleicht pappe ich noch Smarties drauf. Und die Kinder freuen sich darüber.

Wissen Sie, ich bin mir einfach nicht sicher, ob diese

Kindergeburtstagssache nicht etwas aus dem Ruder läuft. Letztendlich sollen die Kinder Spaß haben und die Eltern überleben. Wenn Sie Freude daran haben, Mottotorten zu backen oder Origami-Einladungen zu basteln, dann finde ich das toll. Wirklich. Aber wenn Sie das nicht können oder wollen, dann lassen Sie es. Kinder finden auch Marmorkuchen toll, und verstreute Gummibärchen sind eine prima Tischdeko. Lassen Sie uns Spaß haben, aber lassen Sie zu, dass es mehr als eine Art und Weise gibt, den «perfekten» Kindergeburtstag zu feiern. Es gibt eben auch ein Leben ohne «Prinzessin Lillifee»-Torte.

URLAUB – DIE SCHLIMM...
ÄH, SCHÖNSTE ZEIT DES JAHRES

Endlich wieder Urlaub. Das ist gut. Das ist schlecht. Natürlich freue ich mich das ganze Jahr auf meinen Urlaub, und ja, vielleicht zähle ich auch schon drei Monate vorher die Tage. Und die Stunden. Und die Minuten. Vielleicht. Aber ich sage Ihnen jetzt etwas, etwas sehr Ehrliches: Urlaub ist nicht mehr dasselbe, wenn man kleine Kinder hat. Die sind dann nämlich die ganze Zeit dabei. Keine Kita, keine Schule, nix. Schreien Sie nicht gleich los, natürlich habe ich meine Kinder gerne um mich. Sie sind toll. Sie teilen nur nicht ganz die gleichen Urlaubsinteressen wie ich. Vorsichtig ausgedrückt. Ich möchte im Urlaub schlafen, lesen, essen, schlafen. In dieser Reihenfolge. Die Kinder möchten Rambazamba, Radau und eine ordentliche Portion Remmidemmi. Unser urlaublicher Beziehungsstatus verdient zu Recht die Bezeichnung: kompliziert.

Es gibt nur eine Lösung, diesen Interessenkonflikt

nicht eskalieren zu lassen. Die Örtlichkeit muss gewechselt werden. Sonne, Strand und Meer wirken nämlich auch in der größten Krise noch deeskalierend, oder haben Sie schon mal Kim Jong-un auf der Strandliege mit der Atombombe wedeln sehen? Eben! Und wohin fährt der Deutsche, wenn er Sonne, Strand und Meer will? Genau, Malle ist nur einmal im Jahr SCHALALALALA. Und weil ich ein superschlaues Köpfchen bin (was denn?!), nahm ich diesmal die Kinderbetreuung gleich mit. Wir fuhren nämlich mit einer anderen Familie zusammen. Und nicht nur mit irgendeiner anderen Familie, sondern der besten Freundin der Tochter nebst Bruder im Alter des Sohnes und Eltern, die so aussahen, also wollten sie sagen: «Leg dich ruhig hin, wir kümmern uns um die Rasselbande. Hier, trink diese schmackhafte Piña Colada». Ja, es versprach, traumhaft zu werden.

Nachdem am Vortag gefühlt 800 Koffer, Taschen und Rucksäcke gepackt wurden (das Haus war bis auf zwei, drei für die Koffer zu sperrige Dinge leergeräumt), mussten wir am Tag des Abflugs um vier Uhr in der Nacht mit nöligen Kindern Richtung Flughafen aufbrechen. Danach wollte ich eigentlich schon nicht mehr. Ich sollte freiwillig Schlaf opfern, um dafür möglicherweise Spaß zu bekommen, der mir nicht mal vertraglich durch das Reiseunternehmen garantiert worden war. Dieses Konzept erschloss sich mir frühmorgens an einem zugigen, lauten und ungemütlichen Flughafen nicht. Klar hat man mehr vom ersten Urlaubstag, wenn man früh ankommt. Mehr Müdigkeit! Mehr Spaß, ein fertiges Hotelzimmer und Familienfrieden hat man nämlich nicht. So kämpft man sich also durch den ersten Tag mit überdrehten Kindern, während man selber hektisch im Koffer nach den Wäscheklammern sucht, um sich die Augenlider an die Augenbrauen zu heften.

Eine weitere sehr schlaue Entscheidung meinerseits war, in einen richtigen Familien-Ferienclub mit vielen Pools, Rutschen, Spielplätzen und Animation fahren zu wollen. Der Gedanke dahinter: Die Kinder sind den ganzen Tag versorgt, und ich mache, was ich am besten kann: schlafen und essen. So dachte ich. Vorher. Erst mal angekommen, stellte ich überrascht fest, dass wir gar nicht die einzigen Familien waren. Da waren viele von unserer Sorte. Sehr viele. Und vor allem sehr laute. Ich liebe Kinder wirklich, keine Frage, aber eben vor allem meine eigenen. Andere Kinder mag ich am liebsten ruhig und an einem anderen Ort, der weit von mir entfernt ist.

Abends präsentiert dann so ein Familienclub seine eigene Form der Hölle: die Kinderdisco. Junge Menschen auf irgendwelchen fancy Drogen hüpfen völlig angeknipst auf der Bühne rum und animieren reizüberflutete Kinder dazu, zu Liedern wie «Komm, hol das Lasso raus» und «Atemlos» (Lieder, die, wie ich finde, eher etwas mit Kinder machen statt mit Kinder unterhalten zu tun haben) ihre Gliedmaßen zu schwenken. Das alles muss natürlich total laut, richtig bunt und vollkommen crazy sein. Meine Kinder standen dieser Veranstaltung außerordentlich interessiert aber skeptisch gegenüber. Sie trauten sich nicht mitzumachen, konnten aber auch nicht aufhören hinzustarren. Wie bei einem schrecklichen Unfall. Da hatten sie die Rechnung aber ohne die angeknipsten LSD-Animateure gemacht. Jeder sollte gefälligst mitmachen und den Spaß seines Lebens haben! Und wenn die Kinder sich nicht trauen zu tanzen, sollte Mama den ersten Schritt tun. Denn wenn Mama zur Clubhymne mit dem verlausten Maskottchen tanzt, würden die Kinder sich ganz schnell anschließen und endlich den teuer bezahlten Spaß haben. Das Problem war nur, Mama wollte nicht tanzen. Und schon gar nicht mit einem 1,90 Meter großen, nach Schweiß stinkenden blauen Hund. Andere Mamas und Papas dürfen das gerne machen, aber ich drücke meine Liebe nun mal nicht durch Tanz aus. Da wahre ich meine Grenzen. Selbstschutz. Also standen wir da Abend für Abend und starrten. Keine Cocktails, keine Ruhe, nur starren und staunen.

Aber auch tagsüber gestaltete sich der Urlaub meist anders, als in meinen naiven Träumen ausgemalt. Gut, ich saß am Meer. Schlecht, meine Kinder saßen auf oder neben mir und beschwerten sich: zu viel Sand, das Wasser ist salzig, die Wellen sind zu hoch / zu flach, Mama erlaubt nicht, dass der angespülte Plastikschrott (Greenpeace, so tut doch was!) mit nach Hause genommen wird, ein anderes Kind hat in mein Förmchen gekackt, ich habe Hunger, Durst, muss Pipi, mir ist kalt, heiß … HIIILFEEEEEE! Wozu hatte ich eigentlich für Kinderanimation bezahlt?

Ich stiefelte also mit den Kindern zu den Räumen der Kinderbetreuung, freudig bereit, sie für einige Stunden loszuwerden. HÖREN SIE AUF ZU LACHEN! ICH WEISS, DASS DAS NAIV WAR! Natürlich blieben meine Kinder nicht alleine bei wildfremden Animateuren, da konnten diese noch so wahnsinnig lächeln, tanzen und singen. Aber das angebotene T-Shirt bemalen war natürlich schon verlockend. Da hatten die Kinder eine Spitzenidee: Mama müsste einfach dabeibleiben und mitmachen. Noch immer schwer traumatisiert, möchte ich nicht zu tief ins Detail gehen. Ich sage nur so viel: Ein kleiner, ca. 50 Grad heißer Raum, eine wilde Horde Kinder, Fingerfarben und ich.

Flucht! Flucht stellte sich für mich als einzig möglicher Ausweg dar. Ein Mietwagen musste her, und den

Kindern sollte die Schönheit der Insel mit seinen pittoresken Städtchen und einsamen Buchten gezeigt werden. Nicht bedacht hatte ich, dass der Mietwagen noch den typischen Neuwagengeruch verströmte und Mallorcas Straßen in erster Linie durch Kurven entzücken. Neuwagengeruch und Kurven? Es kam, wie es kommen musste: Nach fünf Minuten stand ich mit würgender Tochter im Arm am Straßenrand. Wäre ich schlau gewesen, hätte ich die Flucht in diesem Moment abgebrochen und mich dem Miniclub gestellt. Aber Sie kennen mich, ich dachte gar nicht an Umkehr. Mama hatte eine Mission, Mama zog den Scheiß jetzt auch durch. Wir brauchten für die Strecke von 50 km wegen der ständigen MAMAHALTANICHMUSSBRECHEN-Stopps knappe zwei Stunden und waren dann endlich am Ziel meiner Träume. Ein wunderschönes Dorf voller netter Boutiquen und lauschiger Restaurants. Die Kinder hassten es. Und meine Kinder sind wahnsinnig gut darin, ihrem Hass Ausdruck zu verleihen. Durch Schreien. Durch Stampfen. Durch Verweigern. Durch Auf-den-Boden-Werfen. Durch Motzen. Durch Streiten. Durch Quengeln. Ich hasste es. Der Ausflug wurde also zeitnah wieder abgebrochen, ohne dass ich mir etwas gekauft habe. Okay, okay, ich habe mir zumindest nicht genug gekauft, und nachdem auf der Rückfahrt auch noch dem Sohn schlecht wurde (bitte untermalen Sie Ihre Vorstellung dieser Fahrt mit dem Song «Highway to Hell»), kamen wir nach einer gefühlten Ewigkeit wieder im Hotel an.

Derartige Abenteuer überlebe ich nur, indem ich meinen Geist von meinem Körper abspalte. Körperlich bin ich da, aber meine Seele sitzt Schnaps trinkend in einer Hängematte auf den Bahamas. Nach dieser Erfahrung kam mir der Miniclub plötzlich wie das Paradies vor, und auch der flohverseuchte Stinkemaskottchenhund wurde von mir geherzt wie ein verlorener Bruder.

Aber wissen Sie, was das Verrückteste an der ganzen Sache ist? Es war trotzdem richtig schön im Urlaub. Meine Kinder, nette Menschen, das Meer und der Strand. Raus aus dem Alltag. Das tut mir immer gut. Und das Beste war, dass die Kinder sich mal zehn Tage lang nicht über MEIN Essen beschwerten. Ihre Ihhhhs, Bähs und Pfuis galten ausschließlich der Hotelküche.

ZWEI KLEINE BESTIEN
IM LAND DES LÄCHELNS

Fahrt doch in so ein schönes Kinderhotel im Allgäu. Die Luft in den Bergen tut den Kindern ja so gut. Oder macht Camping am Bodensee. Da trifft man auch immer nette andere Familien.»

Es waren diese Reaktionen, die mich darin bestärkten, dass die Thailand-Reise eine super Idee ist. Es ist nämlich so: Ich mag die Berge nicht, auch finde ich, dass frische Luft überbewertet wird. Luft soll im Urlaub vor allem eines sein: warm. Und absolut gar nicht will ich nette andere Familien kennenlernen. So weit kommt's noch.

Vielleicht denken Sie jetzt: Was ist das denn für eine Rabenmutter? Will die denn keine frische Luft für ihre Kinder? Haben Kinder im Urlaub nicht das Recht, Kühe zu streicheln und mit Sophie-Marie und Ben-Luca im Bodensee zu planschen? Ich habe diesbezüglich eine verrückte Ansicht: Auch Mamas soll Urlaub Spaß machen. Und ich wollte eben gerne nach Thailand. Ich habe nichts gegen den Bodensee. Nein, wirklich nicht. Da ist es wunderschön, und wenn ich jenseits der siebzig bin, wird das eiskalte Wasser meinem künstlichen Hüftgelenk und den steifen Gliedern bestimmt guttun. Aber jetzt bin ich jung (sagen Sie nichts!), und möchte gerne noch ein wenig die Welt sehen und diese meinen Kindern zeigen.

Nachdem auch der Mann überredet und die Schwiegermutter reanimiert war, konnte es losgehen. Das Ziel war die thailändische Insel Ko Samui. Ja, auch ich muss eingestehen, der Bodensee wäre aufgrund der kürzeren Anreise ein praktischeres Ziel gewesen, und der ein oder andere von Ihnen würde vielleicht lieber eine Zahnreinigung bei einem bengalischen Tiger vornehmen – ohne Narkose –, als mit zwei Kleinkindern zwölf Stunden zu fliegen. Aber, was soll ich sagen: Es war okay. Also für die Kinder. Meine Kinder sind sehr klug und talentiert: Sie können auch in 10 000 m Höhe essen, fernsehen und schlafen. Zugegeben, manchmal prüfte ich, ob man die Fenster in so einem Flugzeug wirklich nicht öffnen kann, und am Zielort angekommen, war ich so müde und gereizt, dass ich immer noch stolz darauf bin, keinem der Mitreisenden den Kopf abgebissen zu haben. Aber Thailand, das Land des Lächelns, der ewigen Strände und des phantastischen Essens, begrüßte uns mit heißer Luft und warmem Meer und küsste damit alle Strapazen der Reise binnen Minuten weg.

Der Thailänder an sich ist ein großer Fan von Kindern. Meine Kinder sind dazu auch noch klein, pausbäckig und strohblond, was dazu führte, dass bereits am Ankunftsflughafen große Aufregung herrschte. Meine erste Handlung bestand also darin, hektisch zu googeln, was «Vorsicht bissig! Bitte nicht streicheln oder küssen» auf Thai heißt. Ob dieser heftigen Liebesbekundungen reagierten die Kinder erst mal reserviert auf die freundlichen Einheimischen. Aber auch diese Zurückhaltung war schnell überwunden, nachdem sie feststellten, dass diese freundlichen Menschen auch Eis verkaufen. Wir hatten ein hübsches Hotel am Strand mit einem großen Zimmer mit zwei Doppelbetten. Der Plan war, dass die Kinder in einem Bett schlafen und wir Eltern in dem anderen. Wenn Sie sich von Ihrem Lachanfall erholt haben, dürfen Sie gerne raten, wie die tatsächliche Bettenbelegung aussah. Nun. So hatte der Mann wenigstens viel Platz alleine im Bett.

Die ersten Tage verbrachten wir an Strand und Pool. Ich hatte den E-Book-Reader voller spannender Lektüre, aber bevor Sie jetzt neidisch werden: Zum Lesen kam ich kaum. Die Kinder mussten vor dem Absaufen bewahrt werden, ihnen Sandburgen gebaut und Eis, Getränke und Pommes gereicht werden. Trotzdem bediene ich meine Kinder lieber am thailändischen Strand, als am Bodensee. Das Auge isst ja schließlich mit, oder wie heißt das noch gleich?

Das Highlight der Reise sollte ein Ritt auf echten Elefanten werden. Ich sah diesem Abenteuer mit gemischten Gefühlen entgegen. Einerseits wollte ich das schon immer mal tun. Ich finde Elefanten super, habe aber auch furchtbare Angst vor ihnen. Wer möchte schon, dass einem Benjamin Blümchen auf den Fuß tritt? Außerdem wusste ich nicht, wie die Kinder reagieren würden. Würden sie sofort wieder runterwollen, bekämen sie Angst? Und was sollte ich tun, wenn die Vierjährige während des Rittes Pipi muss? Ich mein, die muss immer Pipi, wenn es gerade nicht passt. Halte ich sie dann über den Elefantenkopf ab?

Letztlich waren alle Sorgen unbegründet. So Kinder sind ja echt ein Phänomen: Da glaubt man, ihnen ein einmaliges, aufregendes Abenteuer zu bieten, und sie verhalten sich, als würden wir etwas vollkommen Alltägliches machen. Als hätten wir Reitelefanten zu Hause, die sie jeden Tag in den Kindergarten schaukeln und sie abends mit ihren Rüsseln abduschen. (Moment, ich muss kurz innehalten: Ich bin sehr verliebt in die Elefantenduschidee. Okay. Geht schon wieder.) Die Kinder ritten recht unbeeindruckt durch den Dschungel, und auch ich hörte nach den ersten fünf Minuten auf zu hyperventilieren und genoss es. Wussten Sie, dass sich Elefanten total stachelig anfühlen? Wie große Igel. Sehr große. In grau. Mit Rüssel. Und großen Ohren. Vielleicht sind sie einfach nur stachelig. Vergessen Sie den Igel.

Thailand verbinden ja auch viele mit dem tollen Essen, das es dort gibt. Ich könnte mich ja den ganzen Tag nur von Currys und Tom Kha Gai ernähren. Die Kinder fanden das Essen auch total spitze – sie aßen jeden Tag Pommes. Ich werde oft gefragt, ob ich wieder so eine Reise unternehmen würde. Auf jeden Fall! Dieser Urlaub war für uns alle toll, und wir sprechen noch oft darüber.

P. S. Der Mann und ich liebäugeln jetzt mit der Anschaffung eines Wohnmobils. Damit kann man ja auch mal spontan an den Bodensee fahren. Voll praktisch!

DAS GRAUEN HAT VIELE NAMEN

Karneval, Fastnacht, Halloween. Für meine Kinder bedeuten diese Veranstaltungen: Verkleiden, Schminken und Süßigkeiten in rauen Mengen. EIN KINDERTRAUM!

Halloween ist erst wenige Tage vorbei, und die Kinder bestehen noch immer zu 70 Prozent aus Zucker. Okay, zugegeben, ich auch. Ganz eventuell greife ich auch ab und zu (sehr oft) in die Halloweenschatzkiste der Kinder, aber ich habe es mir auch verdient. Für meine Kinder ist Halloween nämlich ein wahnsinniges Spektakel. Für mich ist es zumindest wahnsinnig. Bereits im August werden mir die ersten Kostümideen mitgeteilt, und Sekunden später wieder für viel bessere Einfälle verworfen: «Mama, ich gehe an Halloween als Hund. Als gruseliger Hund. Halt, oder doch besser als Polizist. Gibt es gruselige Polizisten? Oder Mama, kannst du mir ein Kürbiskostüm nähen? Haben Kürbisse Zähne? Können Kürbisse bluten? Mama …»

Ich gehe meistens als Mutter. Als Mutter mit bluten-den Ohren. Authentisch, kostenlos und garantiert mit Schockeffekt.

Fast noch wichtiger als das Kostüm ist für meine Kinder die Schminke. Wochen vorher beginnt bereits die Experimentierphase:

«Mama, wir wollen für Halloween üben.»

«Nein, bis Halloween dauert es noch zwei Monate.»

«Bitte bitte bitte bitte bitte!»

«Das macht immer so eine Sauerei und ich muss das dann aufräumen.»

«Bitte bitte bitte (heul heul heul schrei)!»

«Na gut.» (Die Ohren fingen schon wieder leicht an zu bluten, was hätte ich machen sollen?)

Nach einer Stunde voller Gekicher, Geschepper und Geschrei sieht das Bad aus, als hätten sich zwölf Trans-vestiten auf Koks darin für den Christopher Street Day gestylt. Abgebrochene Schminkstifte, offene Cremedo-sen, Mascaraspuren auf dem Klodeckel und der halbe Tubeninhalt der Zahnpasta im Waschbecken. Und die Kinder? Ja, die sehen wahrlich gruselig aus. Auf die schlechte Art. Die unhalloweenige. Kennen Sie diese hübschen Kinderschminkvorlagen? So sehen sie jeden-falls nie aus. Eher nach Frontalzusammenstoß mit einem Schminklaster. Und weil meine Kinder effektive Kerlchen sind, haben sie nicht nur Schminke im Gesicht, nein, auch die Haare sind bunt und die Kleider und die Hände und sogar die Wände. Aber die Kinder sind nicht nur bunt, sie sind auch total stolz. Stolz auf ihr Werk. So stolz, dass es nie wieder abgewaschen werden darf. Das bedeutet, dass ich den halben Tag schreiend und fuchtelnd die Kinder daran hindern muss, ihre Horrorclowngesichter an die Couch, die Betten oder mich zu schmieren. Irgendwann habe ich davon dann aber endgültig genug und versammle die kunterbunte Mannschaft unter großem Protest im Bad. Dort wartet dann der wahre Horror: das Abschminken. Mit Feuchttüchern, Waschlappen, Wasser und Seife bewaffnet werfe ich mich in die Schlacht. Tumultartige Szenen spielen sich ab. Die Kinder wehren sich gegen das Sauberwerden mit all ihrer Kraft. Und sie sind natürlich im Vorteil: Sie sind jung, in der Mehrzahl, voll rasender Wut und ohne Erbarmen. Außerdem sind sie laut. So laut, dass ich befürchte, gleich dem Jugendamt und der Polizei Rede und Antwort stehen zu müssen:

«Wir wurden über lautes Kindergeschrei informiert. Geht es Ihren Kindern gut? Kam es zu Handgreiflichkeiten Ihrerseits?»

«Ich schminke die Kinder nur ab.»

«Ihre Kinder schminken sich?»

«Ja, aber nur wegen Halloween.»

«Es ist August.»

«ICH WEISS! Hier, nehmen Sie sie schon mit. Und machen Sie sie gleich sauber.»

Mehr als zwei, drei Mal schaffe ich es meistens nicht, eines der wendigen Monster mit dem Lappen zu erwischen, sodass sie nach dem Abschminken auch nur so halb sauber sind. Sie erinnern jetzt weniger an Horrorclowns als vielmehr an zwei sehr sehr traurige Pandabärchen. Und das bleiben sie für die nächsten paar Tage. Bis die Reste auch wirklich endlich vom Kopfkissen aufgesogen sind und eine neue Schminkrunde eingeleitet wird.

Beinahe erleichtert atme ich dann am Morgen des Halloweentages auf. Endlich ist es so weit. In ungefähr vierzehn Stunden wird es vorüber sein. VIERZEHN STUNDEN?! Wissen Sie, wie unglaublich oft Kinder in dieser Zeit «Wann machen wir endlich Süßes oder Saures» fragen können? Nein? Ich auch nicht. So weit kann ich nämlich nicht zählen. Aber immerhin helfen die Kinder mir so bei meinem «Mutter mit blutenden Ohren»-Kostüm. Wenn dann endlich, endlich, endlich das letzte Tageslicht verschwunden ist und die Kinder verkleidet sind, kann es losgehen. Jetzt muss ich dazu sagen, dass wir in einem Viertel wohnen, in dem der Altersdurchschnitt bei circa 75 Jahren liegt. Dementsprechend wird auch die gute alte Halloweentradition gepflegt. Nämlich gar nicht. Erschrockene runzelige

Gesichter über Schlafanzügen und Hauspantoffeln öffnen vorsichtig die Türen. Bei jeder Tür bedarf es langatmiger Erklärungen gepaart mit meinem harmlosesten Lächeln, um die Herrschaften davon zu überzeugen, dass wir nicht diese Enkeltrickser aus Aktenzeichen XY sind, sondern nur ein wenig Schokolade wollen. Zum Glück ist mein Lächeln wirklich sehr harmlos und unsere freundlichen Nachbarn redlich bemüht, sodass sich meist doch noch ein Schokolädchen oder Bonbon findet, das in den Sammelbeutel der Kinder gesteckt wird. Und die, die gar keine Süßigkeiten zu Hause haben (WELCHER KRANKE FREAK HAT DENN KEINE SÜSSIGKEITEN ZU HAUSE?!), steckten den verdutzten Kindern einfach einen Euro zu. Der Dreijährige stellte übrigens schnell fest: «Schmeckt nicht!»

Irgendwann gegen Mitternacht sind dann auch die zuckergeschocktesten Kinder endlich müde und fallen selig in ihre Betten. Juhu! Kein Verkleiden mehr. Keine Schminkexperimente in meinem Badezimmer. Die Chanel-Wimperntusche gehört nur noch mir allein. Für elf Tage. Genau, dann geht es nämlich von vorne los.

Am 11.11. um 11:11 Uhr beginnt sie, die närrische Zeit. Als hätte man als Mutter nicht sowieso immer schon eine närrische Zeit. Im Gegensatz zu Halloween ist aber das Perfide am Fasching, dass er so häufig gefeiert werden will: im Kindergarten, im Turnverein, in der Musikschule und dann auch noch der große Straßenfasching. Das heißt für mich, auf mindestens vier Schunkelveranstaltungen zu sitzen und mich mit klebrigen Bonbons von 1982 bewerfen zu lassen. Und dann ist da auch noch die Musik. Wo wir auch schon wieder bei meinem Kostüm sind: Mutter mit blutenden Ohren. Ich hasse Faschingsmusik. Aus tiefstem Herzen und voller Inbrunst. Ich will das rote Pferd in Salami verarbeiten, den Flieger abstürzen lassen, ich möchte unter gar keine Umständen, dass mir jemand von hinten an die Titt... Schultern fasst. Auch Erwin nicht.

Was soll ich sagen. Ich überlebe es jedes Jahr, und vielleicht habe ich ja doch manchmal ein bisschen Spaß. Nämlich wenn ich sehe, welche Freude meine Kinder haben und wie superwitzig sie in ihren Kostümen aussehen, dann schaffe ich es sogar, die Musik zu ignorieren. Außer bei «Finger im Po – Mexiko». Da verlasse ich fluchtartig den Raum. Zu Recht!

VORWEIHNACHTSPANIK UND HERZKONFETTI

Ich mag den November nicht. Was? Sie auch nicht? Ja genau, es ist kalt, es ist grau, es regnet. Ja, und dunkel ist es auch dauernd. Aber nein, das sind nicht die Gründe, warum ich den November noch ekliger als Pilzauflauf mit Leber finde. Ab dem ersten November hängt über mir das Weihnachtsgeschenke-/Adventskalender-/Nikolausstiefel-Damoklesschwert. Ich bekomme meine jährliche Vorweihnachtspanik. Ab jetzt rast die Zeit nämlich Usain Bolt-mäßig voran.

Verstehen Sie mich jetzt nicht falsch. Ich finde Weihnachten wunderschön. Vor allem seit ich Kinder habe. Ich lasse mich total gerne von ihrer Aufregung anstecken, und ihre Freude wirft Konfetti in mein Herz. Ich hasse nur diesen ganzen Stress davor. Was wird geschenkt, gebastelt und in Kalendertürchen gefüllt? Darüber denke ich dann so lange nach, bis es in meinen Ohren «Kling Glöckchen klingelingeling» macht.

Dieses Jahr hielt ich mich für schlau: Um herauszufinden, was die Kinder sich wünschen, bin ich mit ihnen in ein Spielwarengeschäft gegangen. HÖREN SIE AUF ZU LACHEN, ICH WEISS JETZT AUCH, DASS DAS DUMM WAR. Schließlich dauert es selbst bis Nikolaus noch einige Wochen. Das verstehen Kinder im Alter von zwei und vier Jahren aber natürlich nicht. In ihren süßen kleinen Gehirnen rattert nur ein Banner in Neonschrift: HABEN WOLLEN! JETZT! Mit der Impulskontrolle eines Rauhaardackels auf Hasenjagd rannten meine Kinder durch den Laden. Nur durch ihre gelegentlichen Entzückungsschreie konnte ich sie überhaupt wieder orten. Schließlich fand ich sie, der Spur der Verwüstung folgend, inmitten ihrer Beute liegen. Selig und vor Glück trunken.

Ich bin vielleicht ein kleiner Trottel, aber kein Vollidiot: Natürlich habe ich den Kindern vorher gesagt, dass wir nur mal schauen, was wir dem Christkind auf den Wunschzettel schreiben wollen, und dass wir nichts – überhaupt nichts – kaufen. Tjanun. Sie wissen vielleicht, wie das ist mit so einem Rausch. Da gehen immer ein paar Gehirnzellen verschütt, und was man vorher noch wusste, ist im Taumel verloren gegangen. So auch hier.

Ich möchte nur so viel festhalten von diesem Ausflug: Alle haben überlebt, wir konnten den Laden verlassen, und ich habe kein (kaum) Geld ausgeben müssen. Ich rate dennoch dringend: Machen Sie das bitte nicht nach.

Diese Erfahrung lehrte mich wenigstens, mich lieber wieder auf konventionelle, weit weniger gefährliche Pfade zu begeben: die des Internets. Wären es nur die eigenen Geschenke, die es zu besorgen gilt, ginge es ja noch irgendwie, aber schon Wochen vor dem großen Spektakel erwartet die komplette Verwandtschaft, über die Wünsche der Kinder informiert zu werden. Am besten mit Artikelnummer und Wegbeschreibung zum passenden Laden. Potenzielle Geschenke müssen also gerecht verteilt werden, und am Schluss bleibt kaum noch etwas für einen selbst übrig. Und dann soll alles ja auch noch pädagogisch wertvoll und sinnvoll sein. Ein so anstrengendes wie scheinbar unmögliches Unterfangen, all das.

Dabei ist das doch alles doof und nebensächlich und konsumtriefend und stressig und unweihnachtlich. Ich möchte Weihnachten nicht mit überfüllten Einkaufszentren, Gehetze und Minus auf dem Konto assoziieren. Und vor allem möchte ich nicht, dass meine Kinder das mal tun. Deswegen entstresse ich mich jetzt und setze in die Köpfe meiner Kinder kleine Samen, die zu großen Weihnachtserinnerungen heranwachsen. Vanillekipferl- und Tannenbaumsamen. Kinderpunsch- und Glöckchenklangsamen. Bullerbü- und Michelsamen. Schlitten- und Schneemannbausamen. Kaminofen- und Weihnachtsmarktsamen. Und während ich diese wunderschönen Worte schreibe, merke ich, wie ich anfange zu lächeln. Merken Sie es auch?

WIE HIESS NOCH MAL
DIESE SCHÖNE
SACHE MIT F?
RICHTIG: FREIHEIT ...
ÄH: FREIZEIT

MAMA, WAS MACHEN WIR HEUTE?

Alles ist friedlich. Die Kinder schlafen noch. Ich betrachte ihre engelsgleichen Gesichter und genieße die wunderbare Ruhe. Die Ruhe vor dem Sturm. Oder passender: die Ruhe vor dem Tornado mit Windgeschwindigkeiten von bis zu 500 Kilometern pro Stunde. Und schon regt sich was. Die Beinchen fangen an zu strampeln, die Nase kräuselt sich, dann öffnen sich langsam die Augen und das Unausweichliche passiert, so sicher wie das Amen in der Kirche und wie Kopfschmerzen nach zwei Flaschen Billigfusel vom Discounter. Es ist die Frage: «Mama, was machen wir heute?»

Meine Kinder brauchen immer einen Tagesplan. Detailliert ausgearbeitet und lückenlos vorgetragen. Wenn ich Glück habe, ist Wochentag und ich kann das Vormittagsprogramm erst mal an den Kindergarten outsourcen. Damit ist das Thema allerdings nur aufgeschoben, nicht aufgehoben. Es verschiebt sich leider nur auf eine andere Tageszeit. Sobald die Kinder mich beim Abholen erblicken, schallt mir erneut die Frage entgegen: «Mama, was machen wir heute?» Mein Problem ist, dass ich mein Leben nicht ausschließlich nach meinen Kindern ausrichte. Gut, eigentlich ist das deren Problem, aber machen wir uns nichts vor, sie machen es blitzschnell zu meinem. Beantworte ich die Frage also wie so häufig mit dem Satz «Wir gehen schnell noch einkaufen und danach nach Hause. Ihr könnt ja spielen», öffnet sich sofort der Höllenschlund. Diese Ankündigung ist nämlich die Höchststrafe für meine Kinder. Einkaufen? Supermarkt? Lahm! Noch viel schlimmer finden sie den Vorschlag, einfach nur nach Hause zu gehen und dort spielen zu sollen. SKANDAL! Schalten Sie sofort das Jugendamt ein. Kinder sollen spielen. In ihrem Zuhause. Manch Angeklagte reagieren gelassener auf die Verurteilung zu lebenslänglich bei Wasser und Brot. Meine Kinder schreien und brüllen und zucken und strampeln: «WIR WOLLEN NICHT NACH HAUSE. WIR WOLLEN WAS MACHEN!»

Stellen Sie sich nun mal kurz eine Spielzeugfabrik vor, die ihren Mageninhalt in unserem Haus entleert hat, und Sie erhalten eine ungefähre Ahnung von der Spielzeugdichte, die dort anzutreffen ist. Es sind sehr sehr sehr viele und alle alle alle sind sie laaaaangweiliiiiig. Und das, obwohl sie noch in nicht allzu ferner

Vergangenheit mal wahnsinnig dringend gebraucht wurden.

Wenn Mama aber wirklich keine Gnade walten lässt und man zum Zuhausespielen verdonnert wird, dann wenigstens mit einer stattlichen Anzahl von Kindergartenfreunden. «Kann der/die Justus/Mira/Fabio/Isabella/Lino heute zu uns kommen?» Meine Kinder finden, das ist das Mindeste, wenn wir schon keine Weltraumexpedition durchführen oder eine Dinosaurieraufzuchtstation besuchen. Aber es gibt einfach Tage, da hat kein Kind Lust und der Weltraum hat Ruhetag oder ich muss eben Erwachsenenzeug erledigen. Dann stehen uns anstrengende Stunden bevor. «Mir ist so langweilig, was soll ich machen, spielst du mit mir?»-Stunden. Diese Tage stressen mich im Endeffekt mehr als die Kinder, und wenn es sich bei solchen Tagen noch um kindergartenfreie Tage handelt, stehen mir unendliche 14 Stunden Gequengel bevor. Und genau aus diesem Grund habe ich angefangen, Expertin für Beschäftigungsmöglichkeiten und natürlich ganz viel Action zu werden. Das ist reiner Selbstschutz. Natürlich möchte ich, dass meine Kinder Spaß haben, aber in erster Linie reden wir hier von einem Anti-Quengel-Programm für meine geplagten Nerven.

Als meine Tochter zarte zwei Jahre alt war, zwang ich ihr also ihr erstes Hobby auf. Das Kind sollte Singkreismitglied werden. Hört sich doch phantastisch an! Das Quengelmonster musiziert lustig mit anderen Kindern vor sich hin und ist dadurch zufrieden und beschäftigt. Und ich, so dachte ich, könnte eine Stunde lang still daneben sitzen und mich Tagträumen von wunderschönen Inseln hingeben. Tjanun, die Wahrheit sah anders aus. Lassen Sie mich es so sagen: HAHAHAHAHAHA-HAHAHAHAHAHAHAAAAAAAAA! Die Kinder wollten nicht lustig musizieren, die Kinder wollten Gesangbücher zerreißen und sich gegenseitig Klanghölzer auf die Köpfe dreschen. Das Singen blieb mal wieder an den Eltern hängen. Ich sang wie immer voller Unbehagen, strahlte aber dabei die Tochter wie eine Tausend-Watt-Birne an und unterbrach mich selbst alle zwanzig Sekunden für die hysterisch lächelnd vorgebrachte Aufforderung, sie solle doch endlich mitsingen. Tatsächlich scheiterte das Projekt Singkreis letztlich daran, dass es der Tochter nicht gestattet war, währenddessen zu essen. Nein, man kann zwar viel von einem Kind verlangen, aber 50 Minuten ohne einen Snack? No way!

Obwohl mein «Bruder Jakob» immer besser wurde, war ich ehrlich gesagt nur mitteltraurig über die Aufgabe dieses Hobbys. Vielleicht lag ja die Abneigung gegen Gesang in der Öffentlichkeit in der Familie, und snacklose Zeiten können ja nun wirklich sehr schwierig sein. Die Tochter hatte mein vollstes Verständnis.

Eine neue Quengelablenkung musste her. Und so wurden wir Mitglied im örtlichen Turnverein. Dort sollten nun gleich beide Kinder am Eltern-Kind-Turnen teilnehmen. Mit Turnschläppchen und Proviant bewaffnet machten wir uns auf den Weg zur Turnhalle. In der miefigen Umkleidekabine angekommen, musste ich erst mal eine lange Abfolge von Déjà-vus über mich ergehen lassen. Erinnern Sie sich noch an Turnhallengeruch? Er hat sich seit Jahrtausenden nicht verändert, und meine gesamte Schulsportzeit nebst verregneten Bundesjugendspielen, heimlichem Rauchen hinter der Halle (sie erwischten uns immer!) und einem Basketball auf dem Nasenbein lief vor meinem inneren Auge ab. Nachdem ich zitternd meinen Fluchtinstinkt niedergekämpft hatte, betraten wir die Halle. Ein Haufen wuseliger kleiner Kinder krabbelte tollpatschig über Bänke, Eltern wuchteten kleine Windelpopos die Sprossenwand hoch, und eine ambitionierte Turnleiterin beklatschte das alles begeistert. Meine Kinder klammerten sich an meinen Beinen fest, schauten aber bereits vorsichtig interessiert hinter mir hervor. Ich hatte ein gutes Gefühl. Hier würden wir Spaß haben. Die Kinder würden sich müde sporteln, und ich könnte am Hallenrand sitzen und mich jetzt aber wirklich meinen dringend notwendigen Tagträumen hingeben. Endlich am Ziel! Ich weiß nicht mehr genau, was dann passierte. Ich kann es mir nur mit einem perfiden Angriff erklären, bei dem K. o.-Tropfen im Spiel gewesen sein müssen, oder heimlicher Hypnose. Das Letzte, was ich hörte, war jedenfalls, dass eine Unbekannte mir traurig erklärte, dass dies leider die letzte Stunde sei, da sie zukünftig keine Trainerin mehr hätten. Dann wurde alles schwarz, und als ich wieder bei Verstand war, war ich die neue Trainerin des Eltern-Kind-Turnens.

Ab da stand ich wöchentlich in einer müffelnden Halle und beschäftigte nicht nur zwei, sondern gleich 25 Kleinkinder, während deren Eltern am Hallenrand meinen Traum der himmlischen Ruhe lebten. Das neue Hobby der Kinder verschaffte mir zwar nicht die erhoffte Erholung, bescherte mir aber 25 neue kleine Freunde und neben einem durch Lautstärke ausgelösten Tinnitus auch viel Spaß.

Weil aber das Motto meiner Kinder «Mehr ist mehr» lautet, gaben sie sich mit einem popeligen Hobby natürlich nicht zufrieden. Es gab immer noch viel zu viel Lebenszeit, die nicht mit Action gefüllt war. Der Reitstall in der Nähe sollte Abhilfe schaffen. Tiere, frische Luft, Bewegung – was sollte man sich als Mutter mehr wünschen?

Zugegeben, mir fällt da schon was ein. Zum Beispiel Kleidung, die nicht aussieht, als hätten die Kinder drei Wochen mit Winnetou und Old Shatterhand gecampt, und ein Konto, das nicht von Ponyreiten e. V. geplündert wird. Zumal dieses Hobby mir auch wieder nicht sonderlich viel Entspannung bot. Ich musste in kalten, dreckigen Reithallen rumstehen und bei Bedarf Pferdeäpfel einsammeln. ES GAB NICHT MAL KAFFEE UND KUCHEN! Ich zittere immer noch vor Wut und Enttäuschung am ganzen Körper. Zum Glück hielt das Ponyglück nicht lange an, und meine Kinder verloren das Interesse an ihrem exklusiven Hobby wieder.

In der Folge probierten wir noch Ballett (laaaaaangweiliiiiig), Kampfsport (Eltern durften nicht dabei sein, daher Sehnsuchtsflucht nach zwanzig Minuten) und Fußball («Ich will lieber doch nicht») aus.

Bestimmt werden meine Kinder noch vieles ausprobieren und uns werden noch viele langweilige Tage ohne Abenteuerprogramm bevorstehen, aber genauso schnell werde ich abgemeldet sein. Irgendwann darf Mama nicht mehr mitspielen, irgendwann ist Mama überflüssig. Also Ohropax rein und genießen!

ZIEMLICH BESTE FREUNDE

Nachdem meine Tochter in die Krippe kam, fragte ich jeden Tag gespannt die Erzieherinnen, ob sie denn schon Freunde gefunden habe. Mein Fragen wurde von Tag zu Tag verzweifelter, bis mich eine Erzieherin behutsam aufklärte:

«Ihre Tochter ist eineinhalb Jahre alt. In diesem Alter schließen Kinder üblicherweise noch keine Freundschaften. Die Kinder spielen eher nebeneinander her als miteinander.»

Keine Freundschaften? Ich war erschüttert. Was macht das Kind denn bloß den ganzen Tag lang? Mit wem tauscht sie ihr Pausenbrot und bespricht die neuesten Trends in der Schnullerwelt? Ich hatte mir das wirklich völlig anders vorgestellt. Ich wusste nicht, dass kleine Kinder noch keine Freunde haben. Keine Freunde zu haben stellte ich mir furchtbar traurig vor. Ich sah meine Tochter in Gedanken immer mit anderen kleinen Mädchen und Jungs spielen und lachen, während ich bei der Arbeit war. Verrückterweise schien sie aber auch ohne Freunde glücklich zu sein, und so wollte ich mein «Hilfe, mein Kind hat keine Freunde»-Problem nicht zu ihrem machen. Solange es ihr gutging, sollte sie sich nicht davon beeinflussen lassen, dass ich ein Leben ohne Freunde total traurig und leer fand.

Die Zeit verging, und ich dachte schon gar nicht mehr an die ganze Freundschaftssache, als knapp zwei Jahre später ein kleines dunkelhaariges Mädchen neben meiner inzwischen dreijährigen Tochter auftauchte. Da war sie. Die erste Freundschaft im Leben meines Kindes. Von da an sah man die beiden nur noch im Doppelpack. Wo die eine war, war die andere nie fern, und meist hörte man das Kichern schon, bevor man die Mädels sah. Ich war glücklich. Also für sehr kurze Zeit. Bis ich merkte, dass das unzertrennliche Duo wirklich und wahrhaftig unzertrennlich war. Ein Nachmittag ohne die bessere Hälfte? Unmöglich, keine Diskussion, und überhaupt hat Mama wie immer gar nichts zu sagen.

Dreijährige Kinder verabreden sich nun aber leider noch nicht eigenständig auf dem Spielplatz. Ein «Mach's gut, Mama, ich gehe jetzt mit meinen Freunden abhängen» liegt da noch in weiter Ferne. Es lag also an mir, Kontakt mit einer völlig fremden Frau aufzunehmen und sie um eine Verabredung zu bitten.

187

Das gehört ja auch zu den seltsamen Dingen, über die man sich vor der Mutterschaft so gar keine Gedanken macht. Zum Glück leben wir im digitalen Zeitalter, und ich konnte den persönlichen Kontakt so lange wie möglich herauszögern. Ich schrieb also «Wollt ihr heute zum Spielen kommen?» per WhatsApp und war froh, dass mir dabei keiner über die Schulter schaute und sich fragte, von welcher Art von «Spielen» ich da redete (Spieleverabredungen werden heutzutage ja auch gerne Play Dates genannt, was, wie ich finde, in keinster Weise unverfänglicher klingt). Jedenfalls, sie wollten. Wir hatten unser erstes Play Date (hihihihi). Die Tochter war voller Freude. Ich war voller Angst. Was sollte ich mit der fremden Frau reden? Was, wenn sie doof ist? Was, wenn sie Helene Fischer toll findet? Was, wenn sie Chemielehrerin ist und gerne Bibelsprü-che häkelt? Wahre Horrorszenarien reiften in meinem Kopf heran. Es ist ja nicht so, dass die Fremde die Toch-terfreundin einfach hier absetzen und wieder gehen würde. Kleinkinder bleiben nämlich in der Regel nicht einfach bei fremden Leuten, ohne dass Mama in Sicht-weite bleibt. Zumindest nicht am Anfang. Die Fremde würde also auch bleiben.

Zwei Stunden später atmete ich erleichtert auf. Die Fremde war nicht mehr fremd, und ich musste weder häkeln noch das Periodensystem auswendig vortragen.

Sie summte auch zu keinem Zeitpunkt «Atemlos durch die Nacht». Die Ex-Fremde war sogar supertoll, denn sie brachte Kuchen mit. Kuchen vermag mein Herz im Sturm zu erobern. Für Kuchen hätte sie sogar über Nacht bleiben dürfen. Meinetwegen auch atemlos.

Seitdem sind einige Jahre und circa 593 Play Dates vergangen. Ich habe noch viel Zeit mit Fremden verbracht. In meinem Zuhause und in fremden Wohnzimmern. Ich spreche mittlerweile routiniert stundenlang über das Wetter, die Inneneinrichtung oder Kochrezepte. Ja, und manchmal werden aus Fremden sogar Freunde. Manchmal natürlich auch nicht.

Meine Kinder haben mittlerweile beide einen festen Freundeskreis, und zu meinem großen Glück mag ich die kleinen Freunde alle. Stellen Sie sich mich an dieser Stelle den «Juhuuu, kein Arschlochkind an Board»-Tanz tanzend vor. Die Kinderfreunde zu mögen ist nämlich wahrlich von riesigem Vorteil: Irgendwann kommen die Eltern der Kleinen nämlich nicht mehr mit zur Spieleverabredung, und dann heißt es plötzlich:

«Maaaaaaarleeeeeeeeenee, ich habe Stinker gemacht. Kannst du mir den Popo putzen?»

Wenn man dann dem kleinen Kerlchen gegenüber gewisse Sympathien hegt, fällt das ein bisschen leichter. Zumindest mir. Eigentlich wische ich nämlich nur

Popos ab, die ich selber geboren habe. Ebenso triggert das Umziehen nach Pipiunfall oder das Händesäubern nach «Kuck mal, was ich Braunes vor eurem Haus gefunden habe» bei netten Zeitgenossen etwas weniger meinen Fluchtinstinkt.

Aber nicht nur bei Fäkalunfällen ist Sympathie zum Kindesfreund von Vorteil, nein, die richtig guten Freunde, die kleinen großen Lieben, sind einfach ständig um Sie herum. Und solange sie sich in Ihrer Obhut befinden, sind Sie plötzlich so etwas wie eine Ersatzmutter. Inklusive trösten, Pflaster auf blutige Knie kleben, liebhaben und manchmal sogar erziehen. Und mit dem Erziehen tat ich mich anfangs echt schwer:

«Michel, würdest du bitte meine Suppenschüssel von deinem Kopf nehmen? Bestimmt darfst du das zu Hause auch nicht. Also, wenn es dir recht ist. Bitte.»

«GEH WEG, DU ALTE OMA!»

«Äh, okay.» (HILFEEEEEEE!)

Aber mittlerweile habe ich mir angewöhnt, fremde Kinder wie meine eigenen zu behandeln. Ich schreie die kleinen Frechdachse also voller Inbrunst an, und siehe da, es funktioniert hervorragend. Mein Geschirr bleibt im Schrank, und auf den Tisch klettert auch nur noch ganz selten einer.

Ich hatte die Freundessache also voll gut im Griff. So gut, dass ich plötzlich und völlig überraschend dem schlimmstmöglichen Gegner gegenüberstand: DEM ÜBERNACHTUNGSBESUCH! Das kichernde Mädelsduo war nämlich plötzlich auch am Abend nicht mehr bereit, sich zu trennen. Die aufgedrehten Duracellhäschen putzten also zusammen die Zähne, zogen ihre Schlafanzüge im Partnerlook an und begaben sich zu Bett. Von dort schauten sie mich mit ihren «Wir werden niemals schlafen»-Mienen erwartungsvoll an. Und da die herrschende Meinung immer noch der Auffassung ist, Alkohol wirke auf Kinder nicht nur einschläfernd, sondern auch toxisch, packte ich die Mon Chéri weg und die Gute-Nacht-Geschichten aus. Ich las. Und las. Und las. Und nickte weg. Und las. Meine Tochter war schon längst im Land der Träume, während ihr kleiner Besuch mich noch immer mit großen Augen anblickte. Gefangen zwischen Heimweh und Fernweh, zwischen Angst und Mut. Zum Glück ist ein Mutterherz groß genug, dass sich darin auch noch ein Plätzchen für kleine Besucher findet. Also streichelte ich das Köpfchen und summte Schlaflieder, bis das Menschlein sich endlich entspannen und einschlafen konnte. Und das Menschlein schlief. Die ganze Nacht. Was für ein großer Moment im Leben eines kleinen Kindes. Was für ein großer Moment im Leben einer Freundschaft.

Natürlich sind Kinderfreunde wahnsinnig anstrengend. Sie verwüsten dein Haus, essen deinen Kühlschrank leer, sind laut, frech und ständig da. ABER: Kinderfreunde sind toll toll toll! Sie bereichern das Leben deines Kindes ungemein. Durch sie lernt dein Kind so wichtige Sozialkompetenzen wie streiten, vertragen, liebhaben, zusammenhalten und mitfühlen. Aber vor allem machen Freunde dein Kind glücklich, und dafür dürfen sie gerne meinen Kühlschrank leerfuttern und meine Suppentöpfe als Hut tragen. Wenn es sein muss sogar nachts.

TOY STORYS

Haben Sie schon einmal mit Kindern gemeinsam einen Spielwarenkatalog oder die Fernsehwerbung angesehen? Oder konnten Sie schon mal ein Kind live im Spielzeugladen beobachten? Ja? Dann kennen Sie diesen Blick. Diesen funkelnden Blick hinter weit aufgerissenen Augen. Diesen «Ich will das alles, und zwar sofort!»-Blick. Und weil Kinder sich gerne deutlich ausdrücken, bleibt es meist nicht bei einem Blick. Es wird geschrien, gestikuliert und gejauchzt: Glückshormon Rausch. Die bunten Waren wecken Begehrlichkeiten, die Minuten vorher noch gar nicht bekannt waren. Aber plötzlich ist der Wunsch da, die Liebe groß, das Verlangen riesig. Da schaltet sich das kleine Gehirn augenblicklich aus. Es ist irgendwas zum Spielen, es ist aufwendig verpackt, es muss gekauft werden. Da spielt auch keine große Rolle, worum es sich tatsächlich handelt. Mein dreijähriger Sohn bequengelte mich mal einen ganzen Tag lang wegen eines Fernrohrs:

«Mama, ich brauche unbedingt ein Fernrohr. Bitte kauf mir eins. Der Justus hat auch ein Fernrohr. Ein Fernrohr ist toll. Ich will ein Fernrohr, FERNROHR, FERNROHR, FERNROHR!»

Ich gab vage Antworten wie «Vielleicht», «Das können wir ja mal dem Christkind sagen» und «Ich habe es verstanden, GIB ENDLICH MAL RUHE!», bis der kleine Quälgeist mich irgendwann irritiert ansah und fragte:

«Mama, was ist eigentlich ein Fernrohr?»

Tjanun, so viel zur Abschaltung des Vernunftzentrums bei akutem Verlangen. Ein Zustand, den ich nur von wilden Partys ... aber lassen wir das.

Kinder lieben Spielsachen. Das ist durchaus verständlich. Kinder spielen schließlich gerne und viel. Weniger verständlich ist jedoch manchmal, was für Spielzeug die lieben Kleinen begeistert. Kennen Sie diese wahnsinnig hässlichen Kuscheltiere mit den riesigen Glubschaugen? Man fragt sich augenblicklich, ob die kleinen Scheusale ein akutes Schilddrüsenüberfunktionsproblem haben. Man möchte sie mit Jod füttern. Es gibt die Glubschaugengeschädigten in jeglicher Form. Meine Tochter liebt sie alle und nennt eine glubschäugige Schildkröte, einen Affen, einen Elefanten und ein Einhorn ihr Eigen. Bisher. Nachwuchs ist nämlich heftigst gewünscht.

Überhaupt ist die Spanne zwischen den Spielzeugen, die den Kindern gefallen und denen, die ich mag, größer als die Strecke von hier zum Mond. Hin und zurück.

Es fängt schon bei den Geräuschen an, die manche Spielsachen fähig sind zu erzeugen. Mein Lieblingsgeräusch ist ja die vollständige Stille. Da bin ich simpel.

Meine Kinder hingegen sehen das völlig anders. Sie wollen Remmidemmi! Laut soll es sein! Es soll sprechen, singen, quietschen, brummen, alarmieren, tuten, scheppern und kreischen können. Am besten alles gleichzeitig. Natürlich würde ich so was nie kaufen. Muss ich auch nicht. Dafür haben meine Kinder ja Großeltern. Voller Freude verschenken diese freundlichen Anverwandten Trommeln, Hupen, Flöten, tutende Autos und singende Einhörner. Während sie die begeisterten Blicke der Kinder ernten und sich fröhlich winkend verabschieden in dem Wissen, sich einen besonderen Platz im Herzen der kleinen Racker erkauft zu haben, muss ich den Lärm dann ertragen. Bis das Spielzeug kaputt ist oder die Batterien endlich leer sind (Oh, leider leider kann man da keine neuen Batterien mehr reinmachen. Diese Art Batterien sind nämlich für immer ausverkauft!).

Aber es sind nicht nur die Geräusche, die bei mir dauerhaften seelischen Schaden auslösen. Nein, auch Form und Farbe der favorisierten Spielzeuge können mich nachhaltig traumatisieren. Wo ich auf dezentes Design stehe, wollen die Kinder es bunt. Sehr bunt. Neonaugenkrebsbunt. Je scheußlicher, umso besser. Deshalb haben wir regenbogenfarbene Pferde, zitronengelbe Autos mit feuerfarbenen Rallyestreifen, pinkes Kochgeschirr mit roten Blumen, eine orange-schwarz gestreifte Kinderwerkbank und Plastikpuppen in kreischenden Polyesterkleidchen. Überhaupt Puppen. Ich sag es Ihnen, nicht selten verfolgt mich der überdimensional große Schminkkopf meiner Tochter in meinen Albträumen. Die großen hellblau umrandeten toten Augen, der breite pinke Mund und vor allem der fehlende Torso haben mich schon oft in Angst und Schrecken versetzt. Überhaupt, ist Ihnen schon einmal aufgefallen, wie Puppen einen anstarren? Ich kann doch nicht ernsthaft die Einzige sein, die da Gänsehaut bekommt. Wie haben doch schließlich alle in unserer Kindheit heimlich «Chucky, die Mörderpuppe» geschaut?! Ich habe ja generell kein Problem damit, den Kindern Puppen zu schenken. Ich finde Puppen sogar pädagogisch sehr wertvoll. Man kann mit ihnen das Familienleben nachspielen, sie pflegen und versorgen. Und es gibt auch wirklich hübsche Stoffpuppen mit völlig ungruselig aufgestickten Augen und geschmackvollen Kleidern. Das Problem ist nur, dass meine Kinder die völlig langweilig finden. Sie wollen die aus Plastik, die weinen,

Pipi und Bäuerchen machen können und die Mama in Panik versetzen.

Es ist ja wirklich nicht so, dass ich Spielsachen generell nicht mag. Es gibt wunderschöne Dinge. Hübsch bemalt, handgefertigt und ökologisch nachhaltig von glücklichen Spielzeugherstellerhänden produziert. Pädagogisch wertvolles Wunderspielzeug, das den Charakter der Kinder stärkt, sie klug und weise werden lässt. Das hat mir zumindest das Internet gesagt. Ich sehe diese Wundersachen täglich auf Instagram und in Elternblogs. Ich sehe Bilder von Kindern, die voller Begeisterung mit einem Holzesel oder einer mundgeblasenen Flöte spielen und dabei sehr gebildet gucken. Ich weiß wirklich nicht, wie diese Eltern das machen. Wie schaffen sie es, ihre Kinder von der glitzernden Plastikspielzeugwelt fernzuhalten? Entscheiden sich diese Kinder wirklich eher für das Holztier als für das Blinke-Einhorn? Oder haben da die Eltern die Finger im Spiel? Sind diese Bilder etwa gestellt? Fake-News?

Quatsch, bestimmt nicht. Bestimmt sind meine Kinder die einzigen, die Trash bevorzugen. Und wo wir schon bei Trash sind: Richtig toll finden meine Kinder auch Spielzeug, das richtig viel Schmutz macht. Ich erinnere mich noch deutlich daran, wie ich die damals einjährige Tochter nur ganz, ganz kurz mit Fingerfarben alleine ließ. Es ist erstaunlich, was ein

Kind in dreißig Sekunden alles ausrichten kann. Nicht nur das Kinderzimmer hatte eine völlig neue und moderne Farbgestaltung, nein, auch mein vormals einfarbiges Kind sah plötzlich aus, als hätte sich ein Regenbogen über ihm erbrochen. Auch Glitzerpulver, Zaubersand und Knete können die wildesten Designs ins langweilige Zuhause zaubern. Glauben Sie mir, meine Kinder sind wahrhafte Künstler. Künstler auf LSD und Pilzen.

Letztlich ist es aber doch so: Das Spielzeug ist für Kinder. Ihnen soll es gefallen und Spaß machen. Es geht nicht darum, was in meinem Zuhause hübsch aussieht und auf Instagram Likes bringt. Und die Puppen schließe ich halt nachts weg. Vor allem bei Vollmond.

MAMALOG

NUR KEIN STRESS, BABY!

Schon bevor man Kinder hat, glaubt man zu wissen, wie ein Kind das eigene Leben verändern wird. Man ist vermeintlich mental darauf vorbereitet. Ich sage Ihnen etwas: Das ist Quatsch. Ein Irrglaube, dem auch ich auf den Leim gegangen bin. Die Wahrheit ist nämlich: Man kann es sich nicht ansatzweise vorstellen. Tatsächlich ändert sich *alles*. Und dabei geht es nicht nur um Umstände wie Kombi statt Sportwagen oder Spielplatzjeans statt Partyfummel. Nein, auch Ihr Wesen verändert sich. Ihr Herz befindet sich von nun an außerhalb Ihres Körpers, und das macht vor allem eines: Angst. Angst, dem Kind, dem Kostbarsten in Ihrem Leben, könnte etwas zustoßen. Plötzlich lauern überall Gefahren, und damit meine ich nicht nur die großen gruseligen Gefahren, wie Autounfälle, böse Menschen oder schlimme Krankheiten. Sie lernen täglich neue kleine Gefahren kennen: Bienenstiche, spitze Steine, zu viel Salz/Zucker/Gluten, Wind, Sonne, Regen, Karies, Schnupfen, versteckte Fette, schlechte Pädagogen, Traurigkeit, Lärm, Licht, Smog ... Sie haben es mit Ängsten zu tun, die Ihnen zuvor völlig idiotisch erschienen, sind Sie selber doch jeden Samstag mit dem Mountainbike die Berge runtergefahren. Ohne Helm. Das Kind würden Sie aber am liebsten in Luftpolsterfolie packen und rund um die Uhr bewachen. Das Kind soll es gut haben, es soll immer fröhlich sein, nie Sorgen haben müssen, nie Schmerzen erleiden. SIE DÜRFEN KEINEN FEHLER MACHEN!

Wow, was für ein Stress. Klar ist es richtig und wichtig, nur das Beste für das Kind zu wollen. Natürlich sollen und müssen Sie Ihr Kind beschützen. Aber danach gilt es, das Kind seine eigenen Erfahrungen machen zu lassen. Hört sich schwierig an? Ist es auch.

Obwohl meine Kinder noch recht klein sind, verbringen sie auch Zeit ohne mich. Sie gehen in den Kindergarten, sind bei Großeltern oder besuchen ihre Freunde. Würde ich in dieser Zeit vor Sorge vergehen, könnte ich nicht arbeiten, ich könnte nicht ausgehen oder einfach mal ein bisschen auf der Couch entspannen. Ich wäre im Dauerstress. Und im Dauerstress bin ich ja schon, wenn die Kinder bei mir sind (Maaamaaaaaa, ich habe Hunger, Durst, muss Kacka, mir ist langweilig, ich habe einen Käfer gegessen, warum haben Popel keine Augen ...). Ich musste also lernen zu vertrauen.

Zu vertrauen darauf, dass die Kinder auch bei anderen gut aufgehoben sind, und darauf, dass ich die Kinder täglich zu klugen und besonnenen Menschen erziehe. Menschen, die die richtigen Entscheidungen treffen.

Das ist wohl dieses Loslassen. Etwas, das mir schwerfällt. Ich halte gerne fest, was ich liebe. Jetzt sind die Kinder noch klein. Sie brauchen mich noch sehr. Aber beinahe täglich spüre ich, wie sie selbständiger werden. Sie entwickeln ihre eigenen Persönlichkeiten, und irgendwann werden sie ihre eigenen Wege gehen. Ohne mich. Das macht mir schon jetzt Angst. Aber ich weiß, was gegen diese Angst hilft: Liebe. Täglich stopfe ich die Kinder mit meiner Liebe voll. Ich sage und zeige ihnen, wie stolz ich auf sie bin, bringe ihnen bei, dass sie alles erreichen können. Und wenn sie das verinnerlichen, dann, glaube ich, werden sie starke, selbstbewusste Erwachsene. Und um starke, selbstbewusste Erwachsene muss man sich schon viel weniger Sorgen machen.

Aber bis dahin küsse ich Wunden heile, wische Tränen weg und lasse mir Sorgen ins Ohr flüstern. Ich bin Fels in der Brandung und Sorgenfresser, bin zum Kuscheln und zum Streiten da, ich schimpfe und lache, ich lehre und lerne.

Ich bin Mama.

© privat

MARLENE OTTENDÖRFER, geboren 1979, begeistert auf dem Blog Tollabea und auf Twitter als MarleneHellene regelmäßig mit ihren Texten und Tweets. Sie lebt mit ihrer Familie in Karlsruhe.

© Sergio Membrillas

TILL HAFENBRAK schloss 2009 sein Studium der Visuellen Kommunikation an der Universität der Künste Berlin ab. Seither arbeitet er als selbständiger Illustrator in Berlin. Er illustrierte bereits die im Kindler Verlag erschienenen Bestseller «Das Pubertier» und «Im Reich der Pubertiere» von Jan Weiler. Mehr Informationen und Bilder gibt es auf www.hafenbrak.com.